新时代文化发展的哲学研究

◎ 梅梦索 著

中国农业科学技术出版社

图书在版编目(CIP)数据

新时代文化发展的哲学研究 / 梅梦索著. --北京：中国农业科学技术出版社，2023.7
ISBN 978-7-5116-6355-9

Ⅰ.①新… Ⅱ.①梅… Ⅲ.①文化发展-文化哲学-研究 Ⅳ.①G02

中国国家版本馆CIP数据核字(2023)第130350号

责任编辑　史咏竹
责任校对　马广洋
责任印制　姜义伟　王思文

出 版 者	中国农业科学技术出版社
	北京市中关村南大街12号　邮编：100081
电　　话	(010) 82105169 (编辑室)　(010) 82109702 (发行部)
	(010) 82109709 (读者服务部)
网　　址	https://castp.caas.cn
经 销 者	各地新华书店
印 刷 者	北京建宏印刷有限公司
开　　本	170 mm×240 mm　1/16
印　　张	9.75
字　　数	152千字
版　　次	2023年7月第1版　2023年7月第1次印刷
定　　价	46.00元

◀◀◀ 版权所有·翻印必究 ▶▶▶

前　言

　　步入新时代，当代中国的文化发展是一个重要领域。相较于中国经济的飞跃式发展，新时代思想观念的变迁则相对缓慢许多。文化兴则国运兴，文化强则国家强。在中国主要矛盾转化与世界百年未有之大变局的时代背景下，如何加强文化建设愈发重要。党的十八大以来，习近平总书记从实现中华文化繁荣兴盛、建设社会主义文化强国的战略高度，围绕推动文化建设发表了一系列重要讲话，提出了一系列新观点、新论断、新要求，为新时代文化发展指明了道路方向。

　　新时代文化发展研究当然可以从不同学科视角进行分析总结，但追根溯源最离不开深层的哲学思考，离不开对其内涵、价值、原则等的探讨与追问。新时代文化是以马克思主义文化理论为指导，以中华民族历史文化和革命传统文化为历史积淀，以中国特色社会主义实践为现实基础，以建设社会主义文化强国为目标，以实现中华民族伟大复兴中国梦为历史使命的文化新形态，具有民族性、科学性、人民性、先进性、时代性、世界性与实践性的特征。发展新时代文化则是推动其中价值观念、指导思想、中国精神、道德情操、风俗习惯、哲学社会科学、社会主义文艺、文化事业产业要素内容总体性、整体性、现代性的进步。反观其理论来源，新时代文化发展不是无源之水，无本之木。探其渊薮，新时代文化发展理论深入汲取了马克思主义的文化发展理论精髓，吸收、继承了毛泽东思想的文化发展理论及改革开放以来党的文化发展理论的宝贵资源，在"中西马"文化资源的融合与创新中塑形成长。此外，革命、建设和改革开放的实践与新时代中国特色社会主义实践都为其蓬勃发展提供了丰富的经验素材。

当然，只有深刻把握好文化的发展规律、准确运用好发展文化的思想方法、牢牢坚持住文化发展的原则、确立好文化发展的价值取向，才能理性探求新时代文化发展的具体路径。就其文化发展的内部要素而言，马克思主义指导思想处于根本地位，也应当是首先需要坚持的原则，社会主义核心价值观处于核心地位，其他文化要素紧密联系、相互作用。就其文化发展与其外在要素而言，文化发展与社会的人、物质条件和社会进步息息相关，这也造就了文化发展目标是多重多维多层面的——以满足人的多种精神文化需求、提升人的精神境界、促进社会的全面发展进步为价值取向。任何理论的落脚点都在于实践。只有推进马克思主义中国化、时代化和大众化，培育和践行社会主义核心价值观，培育国民的人文精神与科学精神，创造性转换和创新性发展中国传统文化，推进文化事业与产业的繁荣发展，与世界文化交流互鉴，才能实现中国文化的兴旺发达，为世界文化的发展贡献中国智慧和中国方案。

梅梦索

2023 年 3 月

目　　录

第一章　文化、文化发展与新时代文化 ……………………… 1
第一节　文化的规定 …………………………………………… 1
第二节　文化的发展 …………………………………………… 26
第三节　新时代文化 …………………………………………… 40

第二章　新时代文化发展的多重背景 ………………………… 50
第一节　新时代文化发展的理论来源 ………………………… 50
第二节　新时代文化发展的实践基础 ………………………… 64
第三节　新时代文化发展的时代境遇 ………………………… 71

第三章　新时代文化发展的方法与原则 ……………………… 77
第一节　新时代文化发展的几个关系 ………………………… 77
第二节　推进新时代文化发展的思想方法 …………………… 85
第三节　推进新时代文化发展的基本原则 …………………… 95

第四章　新时代文化发展的价值取向 ………………………… 106
第一节　新时代文化与社会主义核心价值观 ………………… 106
第二节　新时代文化发展的根本价值取向 …………………… 116
第三节　新时代文化发展与中国特色社会主义 ……………… 121

第五章 新时代文化发展的使命与路径 ……………………… 133
第一节 推进马克思主义中国化时代化大众化 ……………… 133
第二节 培育和践行社会主义核心价值观 …………………… 135
第三节 培育国民的人文精神与科学精神 …………………… 138
第四节 创新发展中国传统文化 ……………………………… 139
第五节 推进文化事业与产业的繁荣发展 …………………… 142
第六节 在与世界文化交流中实现共生共荣 ………………… 144

结 语 ……………………………………………………………… 146

第一章

文化、文化发展与新时代文化

要研究新时代文化先从文化概念出发。新时代文化具有时间与空间两个维度的指向：在时间上新时代文化特指中国特色社会主义进入新时代后的阶段性文化，既是一脉相承的中华优秀传统文化，又是在中国革命和建设中日益发展创新的文化，不能否定过去和历史；在空间上新时代文化是指孕育于中华大地上的文化，是中华儿女的生存样式。搞清楚新时代文化的概念是理解新时代文化发展哲学内涵的基础。

第一节 文化的规定

文化内涵庞杂，要从整体性了解文化这一名词就要搞清文化是如何产生的，文化的概念是如何定义的，文化由什么构成且可分为哪几种类别。具体而言，文化的规定包括文化的生成、文化的概念、文化的构成、文化的类别。全面深入地了解文化才能为文化发展研究、新时代文化研究做好铺垫。

一、文化的生成

文化的起源问题是文化研究避不开的首要问题，但历史考证文化具体如何生成至今仍十分困难。泰勒在《原始文化》中解说：研究人类远古生活同研究天体自然界一样困难，都距离人类十分遥远。对于现下的疑题尚可以深入调查取证，而已经消失的、无所保留的历史最古时期却难以考证。在对于文化生成问题的探索过程中，涌现出了各式各样的猜想，例如神创说、功能说、自然说等，为文化生成研究提供了有益的参考。马克思主义经典作家虽然在其著作中未曾对文化问题进行过专门的论述，但他们在唯物史观创立过程中提出了关于文化的生成起源、概念内涵、发展演化、规律作用等重要思想，其中蕴含着文化生成与人、自然、实践三大要素息息相关的观点。人的本性、人的欲望、人的需求不同，自然环境、气候水土、地理位置的差异，是造就一方水土呈现一方文化的根源。人类通过实践活动创造出了许多文明，包括器质性的物品，维系人类社会运行的制度，以及人头脑中的思想观念等，分为泛指人类一切文明成果的广义文化概念与仅指精神文化的狭义文化概念。但是，无论是何种范畴的文化，其生成都置于人、自然、实践三大要素视域之下，通过对其分析，可以研判和解读马克思的文化生成观。总而言之，马克思主义观点认为，文化诞生于人类作用于自然的实践活动之中，并在不断的实践活动中成长发展。

（一）人是文化产生的主体

文化生成与人的生成是同一个历史过程。自然个体的现实化与社会化过程同时也是文化的生成过程。人在满足自身动物属性的自然状态时是没有文化的，当人开始运用自身的创造能力超越动物本性时，文化才随之而生。正如斯宾格勒所言："人不仅在文化诞生以前是没有历史的，而且当一种文明已经自行完成了它的最后的确定的形式，从而预示这种文化的活生生的发展的终结及其有意义的存在的最后潜力的枯竭时，立即再度成为没有历史的。"[①] 无论何种形式的文化，人都是关键和灵魂，是推动其生成发展的主体。

1. 自然存在的人

马克思认为人直接地是自然存在物。自然人一方面表现在人来自自然又受制于自然，同动物一样有基础的欲望与需求。"人作为自然的、肉体的、感性的、对象性的存在物，同动植物一样，是受动的、受制约的和受限制的存在物，就是说，他的欲望的对象是作为不依赖于他的对象而存在于他之外的。"另一方面，作为自然人，人并不是被动地受制

---

① 奥斯瓦尔德·斯宾格勒. 西方的没落：上卷［M］. 齐世荣，田农，林传开，等，译. 北京：商务印书馆，1963：145。

于自然,人的欲望和需求会激发人的创造力,使人具有能动性与超越性。作为有生命的自然存在物,人"具有自然力、生命力,是能动的自然存在物;这些力量作为天赋和才能、作为欲望存在于人身上"。①

正是人的这种能动性与超越性,成为文化产生的缘由。人与动物一样,都有基本的生理欲望与需求,但单一的基本生理需要不足以成为产生文化的源泉动力,那些在满足生理基础之上的扩张性需要,才使得人开始超越动物本性,并在为满足这种需要的实践中产生文化。可以说,文化是在人通过变革自然以获取生存资料这一过程中生成的。在这样的过程中,人类开始成为人,同时人类文化伴随着生成。在《1844年经济哲学手稿》中马克思就提出,人优于动物的特性在于人具有超越性与创造性,人能够按照自己的需要进行生产、创作。这也是文化的产生过程。同时,已经被满足的需要又会变成人的新的能力,内化于人的能力之中,为产生新的文化注入活力。需要既成为动力又构成目标,成为产生文化的源泉。人在不断满足扩大性需要的过程中不断产生文化。

2. 现实前提的人

文化产生的主体基础是自然的人,更进一步说是现实的人。以往的哲学家们把人作为抽象的存在。古希腊哲学家苏格拉底、亚里士多德等强调灵魂的重要性;中世纪的基督教神学推崇人的精神世界而忽略人的生命世界;近代笛卡尔开创的理性主义哲学倾向于从"理性精神"来思考和把握人的生命;黑格尔则认为人是某种"纯粹的存在",人的发展史则是一部意识史。马克思在批判以往哲学的基础上,创造性地提出人既是主体又是客体,是集自然属性与社会属性于一体的现实的人。人类存在的前提,人类文化存在的前提,不是"抽象的人"或"想象出来的人",而是现实的人。

作为文化产生之现实前提的人也就是物质生产的人。在《德意志意识形态》中,马克思和恩格斯指出:我们开始要谈的前提不是任意提出的,不是教条,而是一些只有在臆想中才能撇开的现实前提。这是一些现实的个人,是他们的活动和他们的物质生活条件,包括他们已有的和

---

① 马克思.1844年经济学哲学手稿[M]//马克思,恩格斯.马克思恩格斯文集(第1卷).北京:人民出版社,2009:209。

由他们自己的活动创造出来的物质生活条件①。黑格尔强调人的能动性而无视社会物质活动对人的本质的规定，把"绝对精神""人的意识"作为文化的出发点；费尔巴哈虽然从唯物主义角度探寻人的本质规定性，但认为人的本质在于它的自然属性，与人的社会性无关，宗教意义上的爱才是人的本质，人除了有男女之别并无其他分别。马克思则创造性地提出文化产生的主体应当是从事物质生产活动的实践主体——现实的个人。黑格尔的"想象出来的人"或费尔巴哈的"抽象的人"都不是真正现实的人，不是文化产生的最终根源。现实的人才能产生现实的生活过程，文化是现实个人生产的结果而非产生现实个人的原因，是现实生活观念上的表达、精神性的体现。

3. 社会联系的人

文化的生成离不开"自然存在的人"的欲望与需要，离不开"现实前提的人"的物质生产活动，更与"社会联系的人"的交往活动须臾不可分离。马克思认为："自然界的人的本质只有对社会的人来说才是存在的。"② 只有在社会之中，自然界的存在才有意义。自然不是人成为人的缘由，只有在社会实践活动中，人的本质才得以塑造和定型。"人的本质……是一切社会关系的总和"③。

如果说欲望与需求是人的文化产生的原动力，物质生产是文化产生的根源，那么人的社会交往联系就是文化生成必不可少的催化剂与沉淀剂。以往的哲学将人看作是孤立的存在，抹杀了人的社会本质，也无法找出文化生成的原因。在马克思看来，人们在生产中不仅影响着自然界，也相互影响。人们生产要通过某种方式来交换、活动。因而，人与人之间就不可避免地会产生关联，在这样的过程中人建构着自己的社会联系、社会本质，从而人的活动是一种对象性活动，原本在费尔巴哈看来孤立的要素，由于生产实践这一纽带而联结成为一个交互作用的整

---

① 马克思，恩格斯. 德意志意识形态 [M] //马克思，恩格斯. 马克思恩格斯文集（第1卷）. 北京：人民出版社，2009：516，519。

② 马克思. 1844年经济学哲学手稿 [M] //马克思，恩格斯. 马克思恩格斯文集（第1卷）. 北京：人民出版社，2009：187。

③ 马克思. 关于费尔巴哈的提纲 [M] //马克思，恩格斯. 马克思恩格斯文集（第1卷）. 北京：人民出版社，2009：501。

体。人是社会性存在物，人类一切活动必然要在社会交往中实现和发展。社会性与个体性是一币两面。因此，文化是基于单个个体"酝酿"，通过人类群体的交往活动——整体的交互作用而产生的。单个个体的意识不足以称之为文化，只有生产交往进行到一定阶段，大多数人的意志达成一致，约定俗成地形成了较为一致的为人处世的方式方法、较为认同的生活方式，文化也就从个人的思想成为大家的习惯。此中的个体与群众世界相契合，个体是群众世界的价值观代表，群众世界是个体思维的大融合，也即文化是人民群众所创造的精神财富。因此，要想改变文化，就必须从物质生产方式、生产关系、交往方式入手。

（二）自然是产生文化的母体

人是产生文化的主体，自然则是产生文化的客体。进一步说，自然是文化生成的母体。在改造自然世界中，对象世界渐渐"人化"，也可以说对象世界渐渐"文化"。因此，自然是文化存在的物质性前提，人与自然的关系是人类一切文化实践得以展开的基本前提。

1. 自然的自然

文化概念产生于自然，出自拉丁语"Cultura"，原意为对土地的耕耘、植物的栽培，与自然物体相关联，而后才演化升华为具有思辨意义的独立概念。不仅如此，文化的内容与形式也可追溯至自然源头。区域自然环境的不同造成区域文化样态各异是普遍共识。如18世纪孟德斯鸠就认为地理环境决定着文化的性质、内容与形式。因此，文化的生成与外界自然息息相关。正如马克思在《1844年经济学哲学手稿》中指出，没有自然界，没有感性的外部世界，工人什么也不能创造[1]。"思维本身的要素，思想的生命表现的要素，即语言，是感性的自然界。"[2] 语言是文化的口头表达，语言是感性的自然界，那么也就是说，文化是感性的自然界，自然就是文化创造加工的客观对象。

那么自然何谓？自然何为？自然是万事万物的源头；自然作为独立存在的母系统，在时间上是先于人类存在而存在的，在空间上是人类无

---

[1] 马克思.1844年经济学哲学手稿（单行本）[M].北京：人民出版社，2000：53。
[2] 马克思.1844年经济学哲学手稿（单行本）[M].北京：人民出版社，2000：107。

法穷尽的"自在之物"。古典哲学家们把自然看作是造物主,是万事万物存在、发展的本原,是万事万物得以运行的神秘力量。可以说虽然本原自然的神秘面纱在人类科技日益发展的情况下不断被揭开,但不可否认的是自然始终是人类最依赖、最亲密也是最未知的母体。作为文化产生的唯一客观对象,母体自然具备无穷无尽的丰富资源,是人类文化创造取之不尽、用之不竭的原材料。文化创造的直接对象即是自然界,而不是与自然无关的纯粹抽象精神。正如马克思认为,植物、动物、石头、空气、光等自然物对人类而言是双重存在的,除了能作为自然科学研究的对象,还能成为艺术的对象。自然物"是人的精神的无机界,是人必须事先进行加工以便享用和消化的精神食粮"[①] "科学只有从自然界出发,才是现实的科学"[②]。

2. 人化自然

然而纯粹的自然只是文化产生的必备条件,人化自然才是文化产生的温床。从广义上说,自然是包括人类社会在内的整个宇宙,狭义层面上的自然仅指人类社会生活之外的那部分。人化自然也就是与人类社会生活密切相关的那一部分。到目前为止,人类的文化历史活动没有完全涉足整个自然界,只有少部分的区域是被人类加以改造过的,其余部分都在人类的探索之中,没有加以运用。而人化自然当然指的是那些打上人类活动印记的、非独立于人类社会系统之外的自然,这样的自然才是文化生成的基础。

为什么是人化自然才能产生文化?因为在马克思看来,人化自然是实在的自然、实践的自然。原初的自然界只是独立存在的客体自然,但在人的活动下,自然不是一种静止的、孤立的东西,也不是一种神秘的、思辨的东西,更不是一种直观的、感性的东西。马克思认识到自然是为人类提供物质生活和精神生活基础的客观存在,是与人相伴相生、塑造人又被人塑造的人化自然。近代自然科学的迅猛发展致使一些近代哲学家以一种片面、狭隘的眼光看待自然力量,如康德就提出"人为自

---

① 马克思.1844年经济学哲学手稿[M]//马克思,恩格斯.马克思恩格斯文集(第1卷).北京:人民出版社,2009:161。

② 马克思.1844年经济学哲学手稿(单行本)[M].北京:人民出版社,2000:56。

然立法"的观点。但马克思更强调人与自然的双向互动性，强调文化的生成来自人对自然的改造及人与自然的互动。同时，马克思批判了黑格尔的唯心主义自然观与费尔巴哈的旧唯物主义自然观，确定自然是实体存在，是实践的对象。这样理解文化的生成才不致流于抽象化、神秘化、虚无化。

3. 人与自然

人与自然的关系主导了人类社会的发展走向。人与自然的关系何如？是依附，是攫取，是利用，是征服还是和谐相处，这也决定了文化生成发展的价值取向。文化生成需要人也需要自然，这是文化生成的基本条件。但生成的文化是什么样性质的文化又是由什么决定的呢？那就取决于人与自然的关系。一直以来西方一般性观点就"把人看成是'自然秩序'的一部分，像其他有机体一样"[①]。"所谓人的肉体生活和精神生活同自然界相联系，不外是说自然界同自身相联系，因为人是自然界的一部分。"[②] 自然有其运行的规律与准则——"天行有常"[③]，所以人类作为自然产生的子要素，自产生以来就不得不与自然不断搏斗，攫取自然进化自身。包括人类社会中人与人的关系，"直接就是人对自然的关系"[④]，人类社会之间的交往关系是人与自然关系的微缩版。除此之外，随着人类活动范围日益扩大化，人不仅与其他人交往，还与自己内心对话交往，而这些关系从本质上来看都是人如何对待自然这一命题。

人类对自然的活动使得文化最早与农业相联系，农业活动就是人类对改造自然所产生的最早的文化形态，农业的原意即"文化"土地。上升为精神形态表征就是最初的神话传说、图腾崇拜等。动物完全依附于自然，而人是能动地利用自然。"正是在改造对象世界中，人才真正地证明自己是类存在物，这种生产是人的能动的类生活。通过这种生产，

---

① 阿伦·布洛克. 西方人文主义传统 [M]. 董乐山, 译. 上海：上海三联书店出版社, 1997：12。
② 马克思. 1844年经济学哲学手稿（单行本）[M]. 北京：人民出版社, 2000：56-57。
③ 源自《庄子·天论》。
④ 马克思. 1844年经济学哲学手稿（单行本）[M]. 北京：人民出版社, 2000：80。

自然界才表现为他的作品和他的现实。"① 文化就是人企求在人与自然之间、人与人之间、人与自身内心之间寻求和谐所做的努力及其结果。这使得人与文化的关系从"文化"外在自然进而"文化"内在自然（内在自然指代人体内的种种性质与潜能）。人类与自然这一对关系通过"文化"这一活动渐渐使得人类顺应和超越自然，使得人类脱离野蛮走向文明。在马克思看来，人与自然和谐相处才是正确的价值取向。从耕耘、保护、开发土地的文化内涵到"修齐治平"人自身的文化精神，文化由此而生，文化价值由此发展。

（三）实践是文化创生的起点

有了主体与客体，还要有见之于现实的手段与方法。人与自然之间的根本性关系是一种实践性关系。人与自然的关系取决于人对自然的态度，见之于人对自然的实践活动。实践就是人连接自然的途径、方法、手段。有了实践这一现实性活动，文化才能真正产生，才能由简单意识上升为复杂思维，从简单习俗积淀为深沉文化。"思想本身不能实现什么东西。思想要得到实现，就要有使用实践力量的人。"② 实践是人的本质特性，人通过实践活动创造了人类社会，使得人从动物状态分化出来，使得人类社会从自然界分化出来。马克思主义的实践是现实的活动，是劳动实践，随着分工的发展分化为物质生产实践与精神生产实践，由此创生文化。

1. 劳动实践活动

实践的第一形态是劳动实践。劳动是人及其社会存在和发展的基础，人首先是在劳动中形成的，文化亦然。恩格斯指出劳动是"整个人类生活的第一个基本条件，而且达到这样的程度，以致我们在某种意义上不得不说：劳动创造了人本身"③。动物是从自然界直接摄取所需的物质能量，人则不同，是依靠劳动来创造自己所需的物质生活资料，满足

---

① 马克思.1844年经济学哲学手稿[M]//马克思，恩格斯.马克思恩格斯文集（第1卷）.北京：人民出版社，2009：163。
② 马克思，恩格斯.神圣家族，或对批判的批判所做的批判[M]//马克思，恩格斯.马克思恩格斯文集（第1卷）.北京：人民出版社，2009：320。
③ 恩格斯.自然辩证法[M]//马克思，恩格斯.马克思恩格斯文集（第9卷）.北京：人民出版社，2009：550。

自身的物质与精神需求。"动物仅仅利用外部自然界,简单地通过自身的存在在自然界中引起变化,而人则通过他所作出的改变来使自然界为自己的目的服务,来支配自然界。这便是人同其他动物的最终的本质的差别,而造成这一差别的又是劳动。"① 劳动实践使得人的本质对象化。正如马克思所说:"一个种的全部特性、种的类特性就在于生命活动的性质,而人的类特性恰恰就是自由自觉的活动。"②

通过劳动,人使得自己的意识成为现实;通过劳动,人满足了自己的精神需求。劳动在创造人本身的同时创造着文化,这也印证了文化生成与人的生成是同一过程。"整个所谓世界历史不外是人通过人的劳动而诞生的过程,是自然界对人说来的生成过程。"③ 在《劳动在从猿到人转变过程中的作用》一文中,恩格斯具体论述了劳动如何产生文化:劳动提出了信息交流的需求,由此形成了人类语言,促进了大脑的发展,从而发展出了人类的意识、精神,最终形成了人类社会独有的文化与文明。纯理论的思考不足以形成文化,文化是人类主体在实践过程中不断改造对象沉淀下来的结果。马克思主义的劳动实践观既非康德眼中的一种理性自主的道德活动,也非黑格尔所说的精神活动,还非费尔巴哈所认为的起居饮食的日常生活活动。马克思主义的劳动实践是人类根据自己的需要,在尊重自然规律的基础上发挥人的主观能动性确认人的本质力量的活动。这就是文化创造的过程。文化是一种创新的、流动的、变化的存在,机械的、死板的活动是无法生成文化火花的。只有体现能动性、创造性的劳动实践才能使人真正成为人,使思想真正成为文化。

2. 物质生产实践

物质生产实践为文化生成奠定了丰厚的物质基础,而这些物质基础也是广义文化概念的一部分——物质文化。劳动实践的第一个步骤是生产物质生活,这是人类历史得以生成的前提。马克思说:"我们首先应

---

① 恩格斯. 自然辩证法 [M] //马克思,恩格斯. 马克思恩格斯文集(第9卷). 北京:人民出版社,2009:559。
② 马克思,恩格斯. 马克思恩格斯全集(第42卷)[M]. 北京:人民出版社,1979:96。
③ 马克思,恩格斯. 马克思恩格斯全集(第42卷)[M]. 北京:人民出版社,1979:24。

当确定一切人类生存的第一个前提,也就是一切历史的第一个前提,这个前提是:人们为了能够'创造历史',必须能够生活,但是为了生活,首先就需要吃喝住穿以及其他一些东西。因此第一个历史活动就是生产满足这些需要的资料,即生产物质生活本身。"① 生产物质生活本身就是生产物质文化本身。物质文化就是人们在劳动中凝结而成的智慧成果。

同时,物质生产实践为精神文化的形成奠定了物质基础。马克思、恩格斯从实践活动的维度把整个社会生活划分为物质生活与精神生活两大领域,以"现实的人""他们的活动""他们的物质生活条件"作为历史出发点,以物质生活和社会分工来阐述精神文化活动,用物质生产关系的性质来说明精神文化生产的性质,阐明了精神文化生产赖以存在和发展的世俗基础。马克思主义经典作家科学地揭示了精神文化生成的物质基础并得出结论:"从直接生活的物质生产出发阐述现实的生产过程,把同这种生产方式相联系的、它所产生的交往形式即各个不同阶段上的市民社会理解为整个历史的基础,以市民社会作为国家的活动描述市民社会,同时从市民社会出发阐明意识的所有各种不同理论的产物和形式,如宗教、哲学、道德等,而且追溯它们产生的过程。"② "思想、观念、意识的生产最初是直接与人们的物质活动,与人们的物质交往,与现实生活的语言交织在一起的。人们的想象、思维、精神交往在这里还是人们物质行动的直接产物。表现在某一民族的政治、法律、道德、宗教、形而上学等语言中的精神生产也是这样。"③ 这表明,精神文化的创造脱离不开物质基础。总而言之,文化的生成离不开物质生产实践。

3. 精神生产实践

物质生产实践为文化生成奠定物质基础,狭义的精神文化则直接由精神生产实践产生。社会分工是推动精神文化生成的基础。随着人类社会分工的发展,人类劳动逐渐分为体力劳动和智力劳动。恩格斯在《反

---

① 马克思,恩格斯.德意志意识形态[M]//马克思,恩格斯.马克思恩格斯文集(第1卷).北京:人民出版社,2009:531。
② 马克思,恩格斯.德意志意识形态[M]//马克思,恩格斯.马克思恩格斯文集(第1卷).北京:人民出版社,2009:544。
③ 马克思,恩格斯.德意志意识形态[M]//马克思,恩格斯.马克思恩格斯文集(第1卷).北京:人民出版社,2009:524。

杜林论》中说："当人的劳动的生产率还非常低，除了必要生活资料只能提供很少的剩余的时候，生产力的提高、交往的扩大、国家和法的发展、艺术和科学的创立，都只有通过更大的分工才有可能，这种分工的基础是从事单纯体力劳动的群众同管理劳动、经营商业和掌管国事以及后来从事艺术和科学的少数特权分子之间的大分工。"① 而在《德意志意识形态》中，马克思、恩格斯阐释："分工只是从物质劳动和精神劳动分离的时候起才真正成为分工。从这时候起意识才能现实地想象：它是和现存实践的意识不同的某种东西；它不用想象某种现实的东西就能现实地想象某种东西。从这时候起，意识才能摆脱世界而去构造'纯粹的'理论、神学、哲学、道德等。"② 分工直接推动了各种文化形态的产生，也造就了专门从事文化生产的"文化人"。

文化自原初生成后，其后续生成则是由专门的精神生产实践来"制造"。精神文化作为文化的灵魂与核心则是智力劳动者的直接劳动输出，尤其在现代社会。因此，文化的生成也伴随着人的发展、人类社会的发展而日益精细化、专门化。精神生产实践是直接产生精神性文化的实践活动。正如恩格斯在《自然辩证法》中所阐述的："劳动本身经过一代又一代变得更加不同、更加完善和更加多方面了。除打猎和畜牧外，又有了农业，农业之后又有了纺纱、织布、冶金、制陶和航海。伴随着商业和手工业，最后出现了艺术和科学；从部落发展成了民族和国家。法和政治发展起来了，而且和它们一起，人间事物在人的头脑中的虚幻的反映——宗教，也发展起来了。"③ 通过分工"脑力劳动产物"的精神文化应运而生，精神文化就是人类现实社会生活及其方式的观念表达和精神体系，是在物质活动和社会分工的前提下从社会生活整体中分离出来的独立形态的"思想、观念、意识的生产"。

---

① 恩格斯.反杜林论［M］//马克思，恩格斯.马克思恩格斯文集（第9卷）.北京：人民出版社，2009：189。
② 马克思，恩格斯.德意志意识形态［M］//马克思，恩格斯.马克思恩格斯文集（第1卷）.北京：人民出版社，2009：534-535。
③ 恩格斯.自然辩证法［M］//马克思，恩格斯.马克思恩格斯文集（第9卷）.北京：人民出版社，2009：557。

二、文化的概念

搞清文化概念是研究文化发展的第一步。为对作用于自然的人类活动相区别,为描述人类特有的这些表现、活动、成果,文化概念应运而生。文化概念十分复杂,伊格尔顿就曾说过:英文中少有的复杂词汇,文化就是其中之一。由此,受历史环境、社会状况、学术背景等影响,因思维认识、研究视角、语言表述等有别,中外各类学科诸多学者的文化概念定义异彩纷呈①。

(一) 文化概念的原初发展

文化一词,古已有之,其内涵经历了复杂而漫长的历史嬗变。中国的文化概念从最初的礼乐制度指向,演化为古代的文德教化内涵,发展至明清的概念解释;西方的文化概念则从最初的古典的耕耘栽培之意,历经中世纪的神学同化,解放于17世纪和18世纪的独立意义。

春秋时期及之前,"文"与"化"是单独使用的。古代汉语"文"原意为色彩相交错的纹理、花纹或图形,"化"原意为变易、生成、造化。"文"后演化为礼乐制度,有时还指文物典章、朝政纲纪、道德论序,如《论语·子罕》曰:"文王既没,文不兹乎?"战国时期,"文"与"化"又开始联用,见于《周易·象传》中"观乎人文以化成天下"。直到西汉刘向所编的《说苑·指武》所说"凡武之兴,为不服也,文化不改,然后加诛",文化作为一个词语开始使用,即以文德来教化、感化,与武力征伐相对。还有西晋束皙《补亡诗·由仪》中的"文化内辑,武功外悠"之句,南齐王融《三月三日曲水诗序》中的"设神理以景俗,敷文化以柔远",梁昭明太子注的"言以文化辑和于内,用武德加于外远也"②,皆为文治教化的观念。至明清时期,开始出现解释文化一词,如著名思想家顾炎武《日知录》中的"自身而至于国

---

① 学科差别:哲学——文化是人类探索生活的真谛;美学——文化是美的实现形式及其集合;宗教学——文化是人们信奉来世而做的修行;社会学——文化是人的创造能力和发展能力所达到的状态;心理学——文化是人的操行和行动所达到的定势。地区差别:中华文化概念,西方文化概念等。流派差别:功能学派文化定义、符号——文化学派文化定义等。划分标准不同、表达方式有异造成的差别不胜枚举。

② 参考《昭明文选(卷十九)》。

家天下，制之为度数，发之为音容，莫非文也""文之不可绝于天下地间者，曰明道也，纪政事也，察民隐也，乐道人之善也"。清儒彭申甫也曾解释文化："大而言之，则国家之礼乐制度；小而言之，则一身之车服，一家之宫室"。

西方原初的文化概念隶属于自然哲学范畴。"文化"，德文即"Kultur"，英文和法文即"Culture"，皆出于拉丁语"Cultura"，原意为对土地的耕耘、植物的栽培，是与自然物体相对而言的人类活动，后引申至对人的培养教育、人应有的修养。文化概念的最早升华可追溯至古罗马著名哲学家马库斯·图留斯·西塞罗《论历史》中的"Cultura mentis"（耕耘智慧或精神修养）说法，自此人类的精神产品也被纳入文化的范畴。从物质或生物性意义的文化概念上升至具有思辨意义的文化概念，文化概念逐步扩大。但中世纪的文化研究基本止步不前，因中世纪的科学研究是神学的分支，文化概念虽在本质上继承了古希腊精神，但最终仍为神学所同化。直至17世纪，德国法学家塞缪尔·普芬道夫首次提出文化是个独立概念：对人的肉体、心灵和精神能力的培养，即为了完善人自身的本性而增补的知识。启蒙时代的理论家们把文化概念逐步从神学体系中解放出来，正如法国学者维克多·埃尔在《文化概念》中的观点：18世纪文化概念的产生和演变与自然权利的孕育和确定是联系在一起的。伏尔泰等人将文化表达为训练和修炼心智、思想或趣味的结果和状态，是使人得到完善的社会生活物质要素和精神要素的统一，把文化历史过程的内容归纳为人类理性的发展。

（二）文化概念的历史流变

近代以来，各学科大家越来越多地将目光聚焦于系统深入地研究文化。现代文化科学诞生于19世纪中叶——以德国学者C.E.克莱姆（1802—1867年）1843年所著的《普通文化史》为代表。但文化涵盖广泛、内容复杂，至今学界对文化的定义依旧莫衷一是、众说纷纭。

首次对人类文化现象进行开疆辟土般总结研究的是英国人类学家爱德华·泰勒1871年所著的《原始文化》一书，"文化或文明，就其广泛的民族学意义来说，乃是包括知识、信仰、艺术、道德、法律、习俗和任何人作为一名社会成员而获得的能力和习惯在内的复杂整体。"① 自此，对文化的定义研究日益增加与复杂化②：美国人类学家克鲁伯和克莱德·克拉克洪列举了1871年以来西方学者关于文化的164种定义，并将文化定义划分为哲学、社会学、心理学等九大领域③；法国社会心理学家 A. 莫尔统计，截至20世纪70年代，世界文献中的文化定义已达到250多种④；俄罗斯学者克尔特曼发现文化定义高达400种……。

中国现代意义上的文化一词约于19世纪末从日本引渡过来，此后中国学界关于文化概念的思辨在自我探讨与外来借鉴的不断努力下日趋深化——提出文化即"生活的样法"⑤ "发展的状况"⑥ "心能的共业"⑦ "生活的方式"⑧ 或 "精神性文化"⑨。在度过由于内忧外患所造成的学术消沉阶段后，国内文化概念研究又于20世纪80年代复兴发展，形成如今蓬勃盎然、五彩斑斓的生机景象⑩。

循径深研，中外文化概念探寻的致思逻辑大致沿着从现象罗列到本质挖掘、从渊源追溯到结构分析、从功能论证到价值判断，以及从心理解析到哲学抽象的路线前行。下面简单举一些例子以助于理解文化的真

---

① 爱德华·泰勒. 原始文化 [M]. 连树声，译. 上海：上海文艺出版社，1992：1。
② 19世纪下半叶泰勒下定义后，许多学者对文化综合体进行深入研究，于是出现了许多学派，如文化进化论学派、文化传播学派、文化功能学派、文化历史学派、文化心理学派和文化结构学派。
③ 参考1952年克鲁伯和克莱德·克拉克洪所著的《文化：概念和定义批判》，并总结"文化包括各种外显的或内隐的行为模式，并借助于符号的使用而习得或传承，从而构成了人类各群体成就的标志"。
④ 参考1965年法国心理学家 A. 莫尔所著的《文化的社会进程》。
⑤ 参考梁漱溟编著的《东西方文化及其哲学》一书，提出文化乃"人类生活的样法"，并将文化界定为精神生活、社会生活与物质生活三大方面。
⑥ 参考蔡元培于1920年在湖南发表的演讲《何谓文化》，综合衣食住行、医疗卫生、政经社科等人类生活状况，提出"文化是人生发展的状况"。
⑦ 参考梁启超在1922年发表于《晨报副镌》的《什么是文化》，他指出"文化者，人类心能所开释出来之有价值的共业也"，意指文化是人类有价值的物质财富和精神财富的总和。
⑧ 参考胡适于1926年在《现代评论》发表的《我们对于西洋近代文明的态度》，提出"文化是文明所形成的生活的方式"。
⑨ 参考陈独秀于1920年在《新青年》发表的《新文化运动是什么》，极力主张狭义的主体性精神文化；钱穆认为文化是群体内部精神积累而生；贺麟从"心物合一"出发认为文化就是经过人类精神陶铸过的自然。
⑩ 现下国内文化概念的理解成果丰硕，可分为文化类型分类式定义（二分法、三分法、六分法等）、文化产品总和式定义（文化即人化、文化即生活等）、特定角度文化下定义（一种框架、一种行为等）。

正内涵。

1. "现象罗列"说

现象罗列多以广义文化概念为主，认为文化是人类所创造的一切成果。如中国学者任继愈认为广义文化包括文艺创作、哲学著作、宗教信仰、风俗习惯、饮食器服之用等。威士来（C.Wissloy）拟出文化的普遍模式，其中包括语言、物质特质、艺术、科学知识、神话与宗教习惯、动作、家庭与社会体制、财产、政府、战争。

2. "本质挖掘"说

本质定义有的将文化看作是一种行为习俗，有的认为其是一种符号形式，有的将其表述为生活样态。"行为习俗"说是将文化看作是人与人相处中的动作样态与表现，或是由于历史传承而形成的群体共享的为人处世标准，如社会学家里德·贝恩说："文化是以社会符号为媒介的行为总和。"① 符号学派兴起于20世纪中叶的西方，代表人物恩斯特·卡西尔认为"所有这些文化形式都是符号形式"②。"生活样态"说倾向于将文化理解为一种以生命或生活为本位的活的东西，如孙中山所阐述的"文化是人类为了适应生存要求和生活需要所产生的一切生活方式的综合和他的表现"③。

3. "渊源追溯"说

"渊源追溯"是从词源上考究文化的初始定义，将文化看作是以往一切的历史传承，包括社会遗留下来的行为形式及全部遗传。如美国学者巴尔格和波尔格斯认为："一个群体的文化乃社会遗产的全部及其组织。"④ 苏伯兰特和乌德吾也指出："文化包含着能够从这一代传给另一代的每一事物。一个民族的文化乃是其社会遗产。"⑤

4. "结构分析"说

结构分析性定义认为文化是一种具有特殊结构的体系，如美国著名

---

① 莱斯利·A.怀特.文化科学——人和文明的研究［M］.曹锦清，等，译.杭州：浙江人民出版社，1988：80.
② 恩斯特·卡西尔.人论［M］.甘阳，译.上海：上海译文出版社，2000：33.
③ 箫声.文化概念考［J］.湖南社会科学，1989（5）：56-61.
④ 殷海光.中国文化的展望［M］.北京：中国和平出版社，1988：31.
⑤ 张忠利，宗文举.中西文化概论［M］.天津：天津大学出版社，2004：5.

社会学家帕森斯把文化体系本身看作是复合的、内部有所区别的体系并相应地在四个范畴内（提供知识的象征、道德评价、表情象征和制度性象征）对它进行分析。雷德菲尔特（Redfield）于1940年提出"E集团：结构"定义：文化是"在行为和人工产品上表现出来的传统智力结构，通过世代相传从而表现出人类集团的特征"。

5."功能论证"说与"价值判断"说

功能性定义或价值认定性从文化的意义、功用等方面出发对文化进行界定，如以英国人类学家马林诺夫斯基为代表的功能主义文化理论，认为"文化是一个在满足人的要求的过程中，为应对该环境中面临的、具体特殊的课题，而把自己置于一个更好的位置上的工具性装置"[①]。斯塔姆勒认为文化不外是在正当的途径上发展的人类能力。

6."心理解析"说

精神分析学派以弗洛伊德、皮亚杰、乔姆斯基为代表，其中弗洛伊德把文化看作是道德和组织的总和，它们的建立使人类脱离了祖先的动物状态。

（三）文化概念的哲学定义

到目前为止，可知文化的定义形成了见仁见智的差异局面，依然是一个悬而未决、争论不休的问题。文化现实的多元性与复杂性使得对于文化概念的思考总结各执一词，通览古今东西文化概念可得具体成分定义使得文化概念经验主义化，仅揭示文化的功能价值也未能全面界定文化。然而，文化概念的哲学鉴定有自身独特的视角，不同于一般的文化学、传播学、文化人类学等学科的微小视角，而是以上述丰富素材为基础对文化提出更为深刻的解释。

1. 西方文化概念的哲学规定

哲学中的文化概念起源于古希腊。近现代以来，关于文化概念的哲学理解，也有许多学者阐释了自己的真知灼见。德国古典哲学家如康德、黑格尔等对文化的理解大多倾向于精神方面。康德认为，人类由于艺术、科学而有了高度的文化，道德观念也是归属于文化，文化本来就

---

① 庄锡昌. 多维视野中的文化理论 [M]. 杭州：浙江人民出版社，1987：371。

是人类的社会价值之所在①。在康德看来，所谓的文化就是对于一个理性的存在者而言，能够达到任何进行自我选择的能力，也就是进而能够使得一个理性的存在者自由选择想要达到自身目的的能力。所以，文化就是关于人类相信能够最终复归于自然的终极目的。理性主义世界观是黑格尔的根本理论立场，他认为"理性是世界的主宰，世界历史因此是一种合理的过程""'文化'是一种形式上的东西""任何一类的东西能够归属于文化的领域……就是属于'思想的形式'"②，因此，在黑格尔思想中，文化就是理性精神外显，伴随着绝对精神的发展而发展。

2. 马克思文化概念的哲学规定

马克思和恩格斯从未明确地阐释过文化这一概念，但这并不意味着马克思和恩格斯的阐述"缺失"文化概念。在他们那里，文化往往被用作一个不证自明的概念，因此可以从经典著作中总结出马克思主义的文化概念理解。马克思、恩格斯的文化概念十分广泛，有时泛指人类文明广义的含义，有时表示个人教育素养和知识水平的狭义含义，还常常用一系列的同义词，如文明、思想、观念、精神生产、意识形态等来表达文化含义。但总的说来，马克思较多的是从精神文化这一层面来阐述文化的发生与发展、文化的规律等相关理论，这些观点散见于《德意志意识形态》《共产党宣言》《政治经济学批判》《资本论》《反杜林论》《家庭、私有制和国家的起源》等一系列经典著述当中。

马克思认为，文化构成了一种生产形式或生命活动所制约的生命表现方式，强调广义的文化是植根于人的内在生命的人类群体相对稳定的行为方式③。马克思主义哲学界理解的文化，"是人类在改造世界的对象性活动中所展现出来的体现人的本质、力量、尺度的方面及其成果。简言之，文化便是人化，是人类所创造的'人工世界'及其人化形式的那一方面"④。

3. 文化哲学视域下的文化概念

近代以来，随着文化哲学研究领域的兴起，文化的概念作为文化哲

---

① 康德. 历史理性批判文集 [M]. 何兆武，译. 北京：商务印书馆，1991：6-7。
② 黑格尔. 历史哲学 [M]. 王造时，译. 上海：上海出版社，1999：9-72。
③ 邹广文. 当代文化哲学 [M]. 北京：人民出版社，2007：3。
④ 肖前. 马克思主义哲学原理 [M]. 北京：中国人民大学出版社，1994：503。

学的研究起点又一次被广泛讨论。不同于其他学科的定义理解，文化哲学视域下的各家之言，大体相同。胡适曾把文化定义为"人们生活的方式"，他指出文化是一种文明所形成的生活的方式①。同样，在梁漱溟看来，"文化不过是一个民族生活的种种方面"②。还有当代学者（如邹广文、丁立群）都较为一致地赞成"文化即人化，是生存样态及其所达程度"的说法。此中的文化属于广泛意义上的文化，是个体生存与社会运行的基本方式，包括人类一切的精神成果与物质成果。

4. 文化概念的本质规定性

然而，"一个事物的概念和它的现实，就像两条渐近线一样，一齐向前延伸，彼此不断接近，但是永远不会相交"③。因此，想要对文化下一个确凿的定义无疑是困难的，如同真理，人们永远无法穷尽它，但可以无限度地接近它。文化概念难以具体下定义，究其本质，文化就是人的本质力量的对象化。文化是主体创造性的体现，是人类主体精神的对象化④。从以下几点文化一般特征能进一步了解文化的规定。

第一，在主体指向上，文化具有人为性。文化的人为性不仅表现于文化创造的主体是人，更在于文化是一种群体性的创造。个体的思维不足以称之为文化，那只是个体的思维、思考、习惯罢了。只有当整个群体凸显出一致的思维方式、习惯倾向，文化由此而生。可知，文化是一个群体性的概念。

第二，在客体指向上，文化具有实践性。"自由的有意识的活动恰恰就是人的类特性。"⑤进一步解说，人通过对象化劳动，把世界分为三部分，一部分是自然界，一部分是人，另一部分则是人的对象化劳动的创造物，即"人化的自然"。马克思提出的"人化的自然界"，实际上是被人的实践活动打上烙印的那部分自然界，因而文化就表现为人类实

---

① 胡适. 胡适选集 [M]. 天津：天津人民出版社，1991：188。
② 梁漱溟. 东西方文化及其哲学 [M]. 北京：商务印书馆，2018：12。
③ 恩格斯. 恩格斯致康拉德·施米特 [M] //马克思恩格斯文集（第10卷）. 北京：人民出版社，2009：693。
④ 邹广文. 社会发展的文化诉求 [M]. 保定：河北大学出版社，2004：317。
⑤ 马克思.1844年经济学哲学手稿 [M] //马克思恩格斯文集（第1卷）. 北京：人民出版社，2009：162。

践活动本身以及这种活动的方式及其成果的总和。文化通过文化实践不断地生成新的文化理论，在实践中不断地成长壮大。

第三，在时间之维上，文化具有历史性。不同于生物遗传，文化的延续是靠历史的传承，那些在历史中留存的文化传统便是传承文化的深层机理。随着全球化的增进日益模糊了不同地区之间人们的外在差异，但其内里所透露的一举一动无不带着成长的文化气息。

第四，在空间之维上，文化具有地域性。由于自然环境、地理条件、发展样态等外界因素的不同，各个民族的文化也呈现出五彩斑斓的特色。文化代表特定民族的特点，反映其民族的整体思维方式与理论水平。纵观全球，放眼世界，各个文明区域的文化地域性特征一目了然：阿拉伯世界的伊斯兰教文化、欧美世界的基督教文化、南亚次大陆印度的吠陀文化、东亚和东南亚的佛教文化，以及包括中国、非洲各地的民族区域文化[①]。

总之，文化是积淀的、稳定的、深层的东西。它如血液熔铸在文明之中、人的内在规定性之中，一方面置身于个体对其起到决定性的制约作用，另一方面构成社会运行机理深层制约社会各个领域发展。文化是人的存在方式，也是人对世界的理解方式。人怎么理解世界，就怎么生活。简而言之，文化就是生活方式（个体生存方式、社会运行方式）。

三、文化的构成

（一）文化构成的多重视角

文化通常有广狭义之分："广义的文化即人化，它映现的是历史发展过程中人类的物质和精神力量所达到的程度和方式。狭义的文化特指以社会意识形态为主要内容的观念体系，是政治思想、道德、艺术、宗教、哲学等意识形态所构成的领域。"[②] 要想进一步深化文化的概念就要进一步对文化的外延进行分析。一个事物结构与层面的划分是由事物本身的性质与划分的尺度、标准所决定的。不同学者从不同角度对文化构

[①] 高福进. 传统文化在现代国家治理中的意义：基于习近平文化论述的视角[J]. 湖湘论坛，2018（1）：14-22，2。

[②] 肖前. 马克思主义哲学原理[M]. 北京：中国人民大学出版社，1994：503。

成进行了划分，形成五花八门的类别。有的学者指出："文化结构是一个由多侧面、多层次、多因素构成的立体系统。因而用某一种单一的结构和模式很难完整地认识文化的这一立体结构，必须从各个不同视角来剖析文化结构。从文化总体上看，文化大体由思维方式、价值观念和审美方式诸因素及其关系构成；从文化的外化和接受过程看，文化可以分为观念文化、制度文化和物质文化；从文化在社会中的地位看，文化可分为主文化和亚文化；从文化的感性和理性关系看，文化可分为雅文化和俗文化，如此等等。"[①] 因此，我们首先应当确立文化结构划分的特定视角。例如，从阶层视角出发，可以区别出官方文化、精英文化与大众文化；从人类整体或全球角度出发，可以区别出民族文化与世界文化；从外在的、对象化的表现形态出发，可以区别出物质文化、精神文化。

（二）物质文化、制度文化、精神文化

文化分为物质文化、制度文化、精神文化三个层次。马克思说："人们是在一定的生产关系中制造呢绒、麻布和丝织品的……这些一定的社会关系同麻布、亚麻等一样，也是人们生产出来的。社会关系和生产力密切相关。随着新生产力的获得，人们改变自己的生产方式，随着生产方式即谋生的方式的改变，人们会改变自己的一切社会关系……人们按照自己的物质生产率建立相应的社会关系，正是这些人又按照自己的社会关系创造了相应的原理、观念和范畴。"[②] 这里的呢绒、麻布等，属于物质文化；社会关系属于制度文化；原理、观念等则属于精神文化。

物质文化是人类文化中最基本、最常见的构成部分，通常被称为"文化的表层结构"，它主要包括直接满足人的基本生存需要的那些文化产品，其基本功能是维持个体的生命的再生产和社会的再生产。同具有明显的外在性的物质文化相比，制度文化在整个文化世界中是深一个层次的文化，通常被称为"文化的中层结构"。它以物质文化为基础，但主要满足于人的更深层次的需求，即由于人的交往需求而产生的合理地

---

① 刘进田. 文化哲学导论 [M]. 北京：法律出版社，1999：274。
② 马克思. 哲学的贫困 [M] //马克思恩格斯文集（第1卷）. 北京：人民出版社，2009：602-603。

处理和安排个人之间、个人与群体之间关系的需求。精神文化就是关乎精神的文化，而非器物、制度、行为方面，是"文化的深层结构"。倘若将文化概念表示成一个圆圈，不难想象精神文化处于圆圈中最核心的位置，高于外层的行为文化、制度文化和物质文化。

"物质文化、制度文化和精神文化是一个相互依存的整体，物质文化中渗透着制度文化和精神文化，制度文化为物质文化所决定，同时又以一定的精神文化观念作为存在的前提，并在其中凝结着、沉淀着精神文化的因素，而又反转过来给物质文化和精神文化的发展以巨大的影响。精神文化归根到底为物质文化的发展水平所决定，但又受到制度文化的制约和影响，并且反作用于制度文化和物质文化。"①

一方面，精神文化与制度文化、物质文化不是相分离的，而是水乳交融的。三者相互依存，彼此不可分割，组成文化整体。进一步来说，任何事物都是精神文化、物质文化和制度文化的统一体。精神文化不是外在于物质文化和制度文化的独立的东西，而是内在于物质文化和制度文化，内在于人的一切活动之中，影响人、制约人、左右人的行为方式的深层的、机理性的东西。

另一方面，物质文化是制度文化和精神文化的基础。"物质生活的生产方式制约着整个社会生活、政治生活和精神生活的过程。"② 制度文化对物质文化和精神文化的发展具有重大影响力。"在宗法制度、种姓制度、封建制度和行会制度下，整个社会的分工都是按照一定的规则进行的。"③ 精神文化对物质文化和制度文化的发展具有巨大能动作用。"一般社会知识，已经在多么大的程度上变成了直接的生产力，从而社会生活过程的条件本身在多么大的程度上受到一般智力的控制并按照这种智力得到改造。"④

---

① 许苏民. 文化哲学 [M]. 上海：上海人民出版社，1990：108-109。
② 马克思.《政治经济学批判》序言 [M] //马克思恩格斯文集（第2卷）. 北京：人民出版社，2009：591。
③ 马克思. 哲学的贫困 [M] //马克思恩格斯文集（第1卷）. 北京：人民出版社，2009：624。
④ 马克思，恩格斯. 马克思恩格斯全集（第46卷下）[M]. 北京：人民出版社，1980：219-220。

精神文化是最基本的文化。人类一切活动都是受思想意识或心智支配，即便是衣服、工具等物件都凝结了人类的心血劳动，人类的实践活动无一不是在思想心智的支配和指导下。可见，人类的思想观念，即通过语言进行的思想观念的创造活动，乃是人类与其他动物等一切自然领域事物的根本区别，是人为与自然的根本区别，因而也是文化区别于自然的根本特征。因此精神文化是文化最为本质与核心的东西，最能表达文化。如西方文化人类学家克罗伯和克拉克洪指出"文化的核心部分是传统（即历史地获得和选择的）观念"，贝克哈特认为"文化是一切精神发展的总和。研究精神文化不仅能洞察个人的精神状态，还能知晓整个民族的精神现象"。陈独秀力主狭义的主体性精神文化，贺麟也曾言"所谓文化，乃是人文化，既是人类精神的活动所影响、所支配、所产生的"[①]。《考林斯英语大辞典》（1979年版）定义"文化是指那些继承下来的、确立共同社会生活基础的观点、信仰、价值观和对地界认知的总和，是一群拥有同样传统的人所从事的活动和所拥有的思想观念的全部范围"。《苏联大百科全书》（1973年版）认为狭义文化仅指人们的精神生活。在现代，一些西方哲学家们采取道德哲学的解释范式赋予精神文化对立于物质文化或技术文化的文化价值，重视并重申精神世界和伦理道德的重要性；另一些哲学家采用生命哲学的解释范式将精神文化视为人的内在生活形式，重视文化与生命意志之间的对话。

为此，我们还是从文化最核心最本质的内容来解说新时代文化，正如亨廷顿曾指出的，"文化若是无所不包，就什么也说明不了"[②]。生命出现是物质发展的高级阶段，而精神现象则是生命现象的最高阶段。以此来看，精神水平的高低才是确保个人（或国家）存在发展的本质手段。个人的精神文化是国家的个体代表，国家的精神文化是个人的整体水平。文化无论是外化于物质产品形态还是外显于行为习惯符号抑或是内隐于制度模式结构，其根底都与观念、思维、价值等精神活动密切相关。当前人类社会所呈现的一切都是人类的思想观念、价值理念、思维

---

① 贺麟. 文化与人生[M]. 北京：商务印书馆，1988：279。
② 劳伦斯·哈里森，塞缪尔·亨廷顿. 文化的重要作用[M]. 程克雄，译. 北京：新华出版社，2010：9。

方式的综合性的样态和成果。因此，本书就其中的精神文化进行哲学研究，以求教于方家。狭义文化论，把文化涵盖对象限定在精神现象和精神活动方面，认为广义的文化论的涵盖面过宽，以致包括全部社会生活，从而丧失文化本身特点。因此，将文化概念内核限定在思想观念、价值理念、思维方式的精神文化框架内，可以更好地为研究文化现象等问题提供有益借鉴。

（三）精神文化的释义与内容

对于古今东西精神文化的全面洞察和新时代精神文化的深入把握离不开精神文化词源的前提性考究。对精神文化含义的思索与体悟由来已久，学者们或"从纯主观的角度界定文化的含义，指一个社会中的价值观、态度、信念、取向以及人们普遍持有的见解"[1]，或将"精神生活方面，如宗教、哲学、科学、艺术等"[2] 概括为精神文化，或将精神文化划分为社会文化心理、经验性精神文化与自觉的精神文化成果三个层次，或认为"精神文化主要指人类以社会成员的身份，习得的复合性整体，表现为文化心理和社会意识诸形态，主要包括政治、法律、伦理、哲学等思想、理论"[3]。现代精神文化的释义都包含着"个体和社会、民族群体的所有精神活动及其成果"[4]"以意识、观念、心理、理论等有形或无形的形态而表现着的"[5] 等几大核心构成要素。精神文化就是人类通过实践创造的，为满足精神需要的，以心理、意识、观念、理论等形态而存在的文化，包括个人和社会群体的所有精神活动及其成果。

精神文化的构成涵盖甚广，包括意识形态、理想信念、思想道德、价值观念、人生态度、民族精神、风尚习俗、人伦原则、审美情趣、思维方式、心理意识、理论成果、文学艺术等方面的内容。有学者认为精

---

[1] 劳伦斯·哈里森，塞缪尔·亨廷顿. 文化的重要作用 [M]. 程克雄，译. 北京：新华出版社，2010：9。
[2] 梁漱溟. 东西方文化及其哲学 [M]. 北京：商务印书馆，2018：12。
[3] 郑永廷. 论当代精神文化的发展与价值 [J]. 中国高教研究，2005（5）：24-26。
[4] 栗志刚. 民族认同的精神文化内涵 [J]. 世界民族，2010（2）：1-5。
[5] 董伟武. 精神文化概念初议 [J]. 理论观察，2011（3）：31-32。

神文化就是意识形态[①]，有学者把其"区分为由情感、意志、风俗习惯、道德风尚和审美情趣等构成的表层结构，由经济、政治、道德、艺术、宗教、哲学等方面的观念因素构成的中层结构，以及由基本的人生态度、情感方式、思维模式和价值尺度等构成的深层结构"[②]。但过窄或过泛的结构划分都不利于准确理解精神文化。一般认为，由思想、意识、观念、理论形态存在的精神文化大体包括价值、思想（观念）、人生态度、情感方式、风俗习惯、道德风尚、行为模式、文学艺术、哲学科学这些内容。其中，价值观念是文化的核心部分，价值取向决定了思想方向，进而人生态度、情感方式都是思想的情感附属品，接着形成了社会整体层面的风俗习惯、道德风尚、行为模式这些经验性的精神文化（无须思考的、由价值观念决定的自发的社会风气），最后凝结成为最高层面或说最自觉的由文学艺术、科学哲学所代表的系统化的、（往往）形成文化的精神文化成果。

总之，精神文化从属于文化，是积淀的、稳定的、深层的思想、意识、观念、心理。它包括风俗习惯、社会心理等自发形态的日常生活的文化，政治、经济等制度化的社会生活领域的精神，也包括艺术、宗教、哲学等自觉形态的非日常生活的文化。文化是生活方式，精神文化就是生活理念。

四、精神文化的类别

按对应的社会领域，可将精神文化划分为经济文化、政治文化、社会文化与生态文化。

在社会结构划分中，广义文化包括经济、政治、社会等领域。与经济、政治、社会相对应的文化是狭义文化概念——精神文化，是人类社会生活的重要组成部分。作为社会整体建构的一个领域、方面，精神文化与经济、政治、社会并列使用。但精神文化包含甚广，如法治思想、外交思想，且单单谈精神文化是无意义的，也是无法识别的。精神文化只有投射

---

① 郑永廷. 论精神文化的发展趋向与方式——兼谈精神生活的丰富与提高 [J]. 思想教育研究，2009（8）：14-19。

② 许苏民. 文化哲学 [M]. 上海：上海人民出版社，1990：96-181。

在对象上才能反映出它的状态。例如，道德风尚在社会领域表现为犯罪率、整洁度等方面；在经济领域反映了经营诚信、社会利益与经济利益的平衡取舍等维度；在政治领域表现为做人正直、为官清廉等向度。这是由精神文化的特殊性所决定的，其本身的无形与高度抽象特性使得精神文化是内在于经济、政治、社会、生态的机理性东西，能够反映经济、政治、社会以及生态领域。从上述可知，精神文化是社会各个层面的反映，精神文化与社会其余各层面紧密地联系在一起，一切文化实践都要依照一定的社会形式展开。因此，进一步按照社会结构领域划分，可以认为精神文化包括经济文化、政治文化、社会文化与生态文化四大类别。

精神文化不仅是各领域的反映，更应当发挥推动各领域进步的作用。"'在文化哲学与社会哲学概念上，经济属于文化领域'[①]，它要研究那些理性的、有关自我利益的行为，并进一步明确了文化价值学科描述对经济有效的总体价值规范、为社会成员的行为指向服务的功能。"[②] 这也是本书研究文化发展的缘由之一，以文化发展繁荣指导经济社会进步和谐，以正确的文化理念深入人心、深入社会各个领域促进经济社会规范长足发展。繁荣国家、促进社会发展是主体文化实践的首要任务。这是因为文化与社会各领域是一个问题两个方面的关系，精神文化作为思想观念是社会各领域建设发展的根由，是指导社会各领域运行的深层理念；社会各领域建设的好坏反映了精神文化观念的价值取向。同时，在了解社会各领域的发展状况后，国家又可以进一步发展文化来影响社会各领域。一个国家，只有经济发展体现出文化的品格，才能进入更高的发展阶段[③]。两者就在不断地运动中前行。

因此，通过不断地分析经济文化、政治文化、社会文化与生态文化可以了解国家社会的精神文化全貌。通过窥探经济文化、政治文化、社会文化与生态文化的现状，可以不断反思精神文化的建设状况，从而推动精神文化发展，最终推进国家繁荣进步。

[①] 彼得·柯斯洛夫斯基. 后现代文化——技术发展的社会文化后果 [M]. 毛怡红, 译. 北京: 中央编译出版社, 2011: 103。

[②] 盛新娣. 当代西方关于文化发展研究: 概念与内涵 [J]. 社会科学, 2015 (5): 37-44。

[③] 任仲平. 文化强国的"中国道路" [N]. 人民日报, 2011-10-15 (1)。

第二节 文化的发展

在廓清文化是什么的基础上,厘清文化发展是什么为本书后几章的研究内容定色定调。进入现代社会,一切需要都能用文化所表述,一切满足需要的关系条件也正以文化方式选择人的存在和发展,文化发展已经成为人类社会现在和未来的关键问题①。哲学视域下的文化发展不同于一般的发展观,也不是简单地世俗理解为进步向上,需要在深入分析多方多个因素的基础上总结归纳文化发展的哲学意蕴。

一、文化发展的内涵

(一) 发展与文化发展

1. 发展概念的流变

古希腊时代,以及同时代的中国先秦时期,关于"发展"的丰富论述就开始显现。在苏格拉底看来,整个宇宙的合目的性原理是世界万物发展的缘由。亚里士多德则认为,在事物的发展中,"形式"是积极的、能动的,是动力之源②。

近现代开启了发展概念的多维思考:发展一词多义,内涵指称歧义很大。一般可认为是"建设""进步""进化"等词的同等序列概念。"在黑格尔哲学那儿,'发展'是指其辩证法序列中一个概念向下一个概念的过渡……社会学家们一般从广义上把'发展'理解为社会变革或社会变迁,即指社会发展变化的某种趋势,即社会由低级阶段向高级阶段的演进。"③ 如今,发展研究也已步入哲学殿堂,发展概念的哲学向度拓展了发展的主体向度、内核价值等内容。从哲学视角看,一切事物都是变化、运动的,发展是事物变化运动的状态和趋势,但非一般的、简单

---

① 孙鹤. 科学发展观与当代中国文化发展方略 [M]. 北京:时事出版社,2013:1。
② 北京大学哲学系外国哲学史教研室. 西方哲学原著选读 (上卷) [M]. 北京:商务印书馆,1982:133。
③ 邹广文. 当代文化哲学 [M]. 北京:人民出版社,2007:251。

的运动,而是一种积极向上、推陈出新、发生质变的运动。发展是事物前进、上升的过程,发展是新事物的产生与旧事物的灭亡。哲学视野下的发展内涵一步步走向现代化,正如马克思指出的"新的工业的建立已经成为一切文明民族的生命攸关的问题"[①]。发展在内容上不仅涉及经济发展、技术进步等指标,而且关注社会环境优化、文化发展、人的素质提高等深层次问题。《联合国教科文组织1977—1982年中期规划》写道:"发展越来越被看作是社会灵魂的一种觉醒。"[②] 总之,发展就是要以持续变化着的实际为中心,立足于新实践、提出新问题、解答新课题,不断实现的理论和实践上的创新。

2. 文化发展的一般理解

研究文化就不可避免地要涉及文化发展研究,无论是种类还是内容抑或是其中逻辑探寻,不同学者对于文化的发展理解是各有见地。恩格斯曾说:"中世纪完全是从野蛮状态发展而来的。它把古代文明、古代哲学、政治和法律一扫而光,以便一切都从头做起。"[③] 德国的文化哲学家斯宾格勒持终结论和宿命论的文化发展历史观;英国历史学家汤因比将"富有创造力的少数人"视为文明发展的动力;马克斯·韦伯则拒斥人类文明的历史进化论,认为整个历史只有自身的标准和价值而否认文化发展[④]。由此看来,文化发展成为一个研究对象是有其思想史溯源的。

文化发展是一个复合词,由文化与发展两部分组成。文化一词的内涵在上一节已经清楚地论证分析。而依据发展的哲学概念,简单来说文化发展也即文化的进步。"在内设价值判断上,发展更明显地侧重于表征文化实体变动后的更高形态和积极价值追求;在主体向度选择上,发展不仅确证了人类对自身、世界的改变,同时也表征了人类对自身命运的理解,是对人类主体性的本质表征;在存在方式表征上,发展表征了主体对生存与发展的关注以及对生命的终极性追求;在文化概念呼应

[①] 马克思,恩格斯.共产党宣言[M]//马克思恩格斯文集(第2卷).北京:人民出版社,2009:35。

[②] 弗朗索瓦·佩鲁.新发展观[M].张宁,丰子义,译.北京:华夏出版社,1987:64。

[③] 恩格斯.德国农民战争[M]//马克思恩格斯文集(第2卷).北京:人民出版社,2009:235。

[④] 许明,花建.文化发展论[M].北京:北京大学出版社,2005:2-3。

上，文化一词本身即意味着进步或发展。"①

过去，提到发展便联系到经济增长，社会发展以国内生产总值（GDP）为唯一衡量指标，社会"物化"现象严峻。然而从20世纪中叶开始，传统的社会发展观开始遭受质疑。"以人为中心"的社会发展观开始进入视野，如1976年提出的"巴里洛克模式"（又称拉美模式）、20世纪80年代法国学者弗朗索瓦·佩鲁提出的"新发展观"，都将人的发展作为社会真正发展的标志。事实上，在马克思理论中，这个思想早已明确表达：人的需要是衡量发展的最终标准，人的需要不仅仅在于物质需求，更包括精神文化的满足。联合国发布的《人类发展报告》指出，全球在树立全新的社会发展观上达成了共识：社会发展应当以提高人们的生活质量作为目标，衡量社会发展的指标体系应该立足于人的全面发展。因此，强调发展的文化特性能够更好地突出发展的价值取向，明确一切经济等方面的发展不过是人实现发展目标的手段，发展的最终指向应当是人的全面发展。

（二）文化发展的哲学概念

文化发展初看即发展文化，使文化变化进步的意思。事实上，文化发展可以说是文化与发展的双向靠拢，发展从单一的经济进步扩展到文化繁荣，文化层面不仅是自身的发展进步更是通过经济文化、政治文化、社会文化、生态文化推动经济、政治、社会、生态领域的发展。一方面，文化发展研究要从单一的文化发展视野拓展为文化下的经济、政治、社会等多层面的全方位关注；另一方面，现代化的根本内涵不仅是生产的发展和技术的进步，本质是文化的现时代，是人的主体精神的现代发展。正如费德里科·马约尔提出"发展应该被看成是复杂的多元化的：经济的、社会的、科学的、文化的……它必须具有一种综合的特点，即包括社会生活的多种表现形式，并符合植根于各国人民的历史财富和道德的、文化的目的"②。真正的社会发展与文化的增长是紧密联系的，现代化的根本价值取向是人的现代化，是人的文化生活的有机协调

---

① 朱喆，操奇.马克思主义哲学中的文化发展概念[J].哲学研究，2014（2）：24-29。
② 费德里科·马约尔.不要等到明天[M].吕臣重，译.北京：社会科学文献出版社，1993：29。

发展，现代人的日常实践行为（经济的、政治的、技术的）必须与他的精神追求具有内在的一致性。发展最终以文化概念来定义，文化繁荣是发展的最高目标，这是一个长远的目标，当它实现时，文化与发展合二为一。

总的说来，文化发展是从总体性、主体性、现代性视界出发，以"解释世界"来"改变世界"，通过反省来重建文化。"文化发展是人类通过不断丰富、完善、更新或重构语言符号、逻辑解释系统、科学的方法规范等，促使自身物质和精神力量进一步提升并达到更高的程度或更优的方式，以此推动和加速社会发展。"[1] 科学的文化发展概念在发展对象、主体、起源、途径、方法、标准和目的等问题上对非科学的经验主义、经济主义、理念主义、自然主义都作出了批判，是一种反省的文化发展研究概念。科学的文化发展既符合发展的规律又切合文化的特性，包括以下三个视界。

第一，文化发展是总体性发展。文化发展的总体性概念即人类重新筹划并在更高形态上优化其总体生活方式。总体性发展并不仅指某一向度的发展，那种经验主义与理念主义的理解范式不能全面地反映文化的整体性发展。片面强调文化事业产业的发展而忽略文化发展的主体性与精神性层面的发展，或片面强调文化精神、观念层面的发展而忽视物质、制度层面的发展都是不可取的。文化的总体性发展应当是在正确理解驾驭文化内涵基础之上的总体框架与全部向度的描述。

第二，文化发展是主体性发展。从马克思主义哲学的视角出发，文化发展的主体性有三个层面的含义：首先，以文化这一主体的进步来看待文化发展。文化发展观很容易陷入以信奉 GDP 为主的文化经济主义，只将文化视为推动经济进步的一种手段。其次，从人这一主体性的进步来看待文化发展。人是文化发展的主体，也是文化发展的根本目的，以生成独立人格与崭新精神的文化主体、要求主体最大的自由性存在是文化发展的最终归宿。最后，以实践为检验文化进步的根本标准来看待文化发展。文化发展必须是解释世界和改变世界的融合：文化精神的发

---

[1] 盛新娣. 当代西方关于文化发展研究：概念与内涵 [J]. 社会科学，2015 (5)：37-44。

展,是在以往理论的基础上,突破陈规,提出新观点和新见解;文化成果(文化事业产业)的发展,是在以往的实践成果的基础上,回应新挑战得出新成果。

第三,文化发展是现代性发展。非现代性的文化发展观是对于"发展"一词依旧存惑;或拒斥现代化,将现代化等同于西化,否定一切西化的过程与环节,造成文化发展止步不前;或超现代化发展,割裂过去传统文化,用孤立的、静止的观点而非连续的、发展的观点看待文化发展。现代化的文化发展既是对过去传统的文化的传承,又是从现代化的视界出发规划文化发展,使得文化既不固守自我又非"异化外化"。

总之,文化发展是指人通过精神领域的活动不断地更新或取得新的精神成果,从而推动人与社会向前发展。"文化发展不是一种文本的简单堆砌和累加过程,而是一种心理特征、思维方式与实践范式的不断生成和演化的运动轨迹。"[①] 在这一变化过程中,文化一方面表现为精神推动力,主要包括个人的理想、信念、情感、意志,以及社会的教育、科学、技术、风俗、习惯等精神因素对经济、社会和人的发展和进步所具有的推动力量;另一方面表现为物质推动力,主要包括文化商品、文化产业、文化服务等物质因素对经济、社会和人的发展和进步所具有的推动力量。文化发展在性质上具有向前的特点,在存在状态上具有持久的特点,在发展维度上不是量的堆积,而是质的改变,在人类社会发展历史中,每一个社会、每一个时代都有与其适应的文化。文化发展是过程与目的的统一,只强调过程会导致目的虚无主义,只强调目的会导致过程毫无意义,两者相统一于实践。

(三)文化发展的研究内容

有学者认为:"发展文化学是依据发展学而建立的新兴综合学科,它是系统研究在现代化进程中文化发展的动力、发展原则、发展道路、发展模式、发展实践等客观规律以及文化发展与社会发展、经济发展、政治发展的科学。"[②] 即使不考虑文化发展的学科依据和学科地位等,文

---

① 罗建华.从"三个自信"到"四个自信":习近平对中国特色社会主义文化的思考与定位[J].求实,2017(5):4-12。

② 刘彦武.发展文化学:一门建设中的学科[M].北京:中央编译局,2009:4。

化发展的研究价值也是不可忽视的。文化发展是前进的、上升的运动，涉及多个层面，有多重价值取向，涵盖多方内容，指向多个问题。因此，在深入理解文化发展是一个整体性、实践性的范畴之上，通过分析文化发展的研究内容来深入了解文化发展内涵。

"发展观是有关发展的目的、方法、动力、方式等问题的总体看法和根本观点，为人们的发展实践提供观点方法、价值取向与行动指南。"① 既然要研究文化发展，那么关于文化发展的方方面面都应当纳入其中。以哲学视角规定文化发展研究的理论领域，发展的质料、目标、动力、形式、规律、原则、价值、思想方法、路径、模式、环境、条件，以及文化发展与其他社会领域发展之间的联系都是亟待研究。这也是后几章节展开的理论逻辑。

二、文化发展的特征

正确认识文化发展的特征，是全面理解文化发展趋势及深入把握文化发展现状的必备钥匙。由于文化发展是一个四维空间的流动过程，涉及时空及自身与他者的关系。因此要认识文化发展的特征必须从时间、空间两个维度并结合文化自身结构、一文化与他文化、文化领域与其他社会领域的关系来综合考虑把握。因此，文化在发展过程中呈现出四大特点：动态性与稳定性的统一、独立性与开放性的统一、整体性与差异性的统一、复杂性与社会性的统一。同时，在论述文化发展的一般特征时，对于当代文化发展的新特征也要进行必要的审视与总结。

（一）动态性与稳定性的统一

从时间维度看，文化在自身的发展过程之中始终存在着两种张力：一种是维持自身稳定的力量，另一种是寻求突破自身与激变的力量。两者处于永恒的抗衡与摩擦之中，不断推动着文化前行，而每一阶段形成的相对稳定的文化又表征着文化的时代性。

文化发展的动态性表示文化发展不是一成不变的，而是不断生成

---

① 杨信礼，何海燕. 深刻理解五大发展理念的价值取向［J］. 特区实践与理论，2015（6）：21-24。

的。文化不断在生成与消亡的过程中发展,是不断自我生成的体系。这是因为人这一主体是在不断变化进步的。"每一个文化概念的提出,都是适应历史上的某种情势、要求,而当它被提出时,也一定会受到当时各种条件的制约。历史上的要求、条件有了变化,则某一文化的内容及效用也会随之变化。"① 文化的动态发展既有内部矛盾的作用推动,又有外部因素的影响作用,在这两者的双重影响下,文化不断改变自己的形态性质,并不断产生新文化。

文化发展的内部具有稳定性力量,这就是传统文化的文化传统。文化传统作为一种复杂的历史构成,是一定区域中的人在长期的历史实践过程中生成与积累的共同的思想意识、良风习俗、价值观念等,具备显著的历史性与稳定性特征。稳定的文化传统在面对自身文化变异或外来文化入侵时在一定时期内都表现着与生俱来的强大排斥与反抗特征,无论这种变化是好是坏,文化改变在初期都不自觉地表现出强大的维稳特性。正如马克思所言:"一切已死的先辈们的传统,像梦魇一样纠缠着活人的头脑。"②

(二) 独立性与开放性的统一

从文化自身的结构维度来看,文化在发展的过程中总是保持着独立性与开放性的统一。完全独立的文化会不思进取、僵化老死;而完全开放的文化则会丧失核心观念、沦为附庸。因此,任何文化的发展都是既独立又开放的。

文化发展的独立性表现在文化发展并不是完全改变成为另外一种文化或者完全按照外来文化的路线发展。文化独立意为保持文化自身的传统。文化发展必然有所依据,必然以人类过去的历史财富为餐食,这是文化的传承方式。文化传承不同于人类的生理遗传是先天的、必然的基因决定,文化传承需要长时间地习得才能"拥有"。这就意味着,无根源的事物不存在传承一说。因此,从时间线上看,文化总是"在时间中流传,是通过人本身的再生产,即人的生命的代代相续而实现的。文化

---

① 徐复观. 中国思想史论集 [M]. 上海:上海书店出版社,2004:133。
② 马克思. 路易·波拿巴的雾月十八日 [M] //马克思恩格斯文集(第 2 卷). 北京:人民出版社,2009:471。

在人类的世代繁衍中与时间同行，形成文化传统"①。正如马克思在《路易·波拿巴的雾月十八日》中谈到的那样："人们不是随心所欲地创造自己的历史，也不是在他们自己选定的条件下进行创造，而是在直接碰到的、既定的、从过去继承下来的条件下进行创造的。"② 这是文化内在"自我保护"的功能性机制。文化发展必须经过传承才能保持文明的完整不断裂，这也恰恰体现了文化时段性的稳定性。

任何文化都有其稳定性，但任何文化都不是完全封闭的，而是一个开放的体系。开放性亦即包容性。任何封闭的文化最终都会走向僵死的结局，任何有生命力的文化只有是开放的、自我完善的，才能在文明历史中长存。文化发展的开放性要求每一代人在继承文化遗产、汲取外来文化的同时，要根据自己所处时代的要求，对过去的文化与外来的文化进行选择、取舍、优化与改造，从而形成新的文化传统。开放性表明每一个时代的文化精神是不同的，是在继承过去、吸收外来基础上的结合体。"所谓'传统''旧文化'都不是以'过去'的方式存在着，而是以现时态的方式存在着，他们不是存在于过去，而是存在于现代之中，存在于现代人们的行为方式、思维方式之中，存在于我们的实践状态和精神状态之中。"③

（三）整体性与差异性的统一

从空间维度看，任何文化的存在与发展都需要一定的空间。文化源于生活，不同的生活环境也造就不同的文化风格。例如，以古希腊、古罗马为代表的地中海文明与华夏文明不同，而在中华文明这一整体文化里又存在着各个民族的不同文化。

所谓文化的整体性，是指一定区域、一定民族、一定社会所形成的具体的、历史的、完整的文化统一体④。无整体不成文化。历史上出现过许多大大小小的文化统一体，其共性是文化统一体内有同一思想观

---

① 许明，花建. 文化发展论 [M]. 北京：北京大学出版社，2005：87-88。
② 马克思. 路易·波拿巴的雾月十八日 [M] //马克思恩格斯文集（第2卷）. 北京：人民出版社，2009：470。
③ 李鹏程. 当代文化哲学沉思 [M]. 北京：人民出版社，1994：383。
④ 蔡俊生，陈荷清，韩林德. 文化论 [M]. 北京：人民出版社，2003：149。

念、价值取向等文化精神指引、规范着统一体内的人们。"文化整体的产生是一定人类共同体对形形色色的文化个性进行整合的结果。这种'整合',形成了同一个人类共同体的文化同一性、统一性,这种'同一性、统一性'又有别于其他人类共同体的文化同一性、统一性,因而形成了特殊的文化统一体、文化整体。"①

所谓文化差异,大到可指不同地区不同民族之间的文化差别;小到可指某个文化类别、文化某个方面的不同。形成文化差异的原因大致是地域、历史及心理三个方面。"不同的地域、地理地貌与自然气候,可以使人在性格上产生差异,从而使心理特征及至文化上产生差异。"② 差异性也可指多样性,多样性是依靠历史、通过历史并且同历史一起保存下来和发展起来的。

(四) 复杂性与社会性的统一

从一文化与他文化、文化领域与其他社会领域的维度来看,文化的发展具有复杂性与社会性。在社会运动中,文化的内部各种力量交织、外部各种因素推动,造成文化发展的规律难以被识别与把握。不同于经济、政治领域的发展,文化的发展特性更令人难以捉摸。

文化发展的复杂性表现在,文化发展不仅仅是文化一种因素的作用而推动,而是多个领域多种因素的交替作用。文化发展涉及经济、政治、社会等领域的影响,而且受到主体人、客体自然等的影响,还有文化内部本身要素构成的复杂性又加剧了这一现状。复杂性首先表现在文化发展的不均衡性,其中,文化发展与经济社会发展并不总是相一致的。马克思和恩格斯强调,社会意识形态归根结底是经济基础决定的,但具有相对独立性,有自身发展的独特规律。马克思早就提出"物质生产的发展同艺术发展是不平衡的关系"③,他提醒人们对于"进步这个概念决不能从通常的抽象意义上去理解"。因此,文化发展具有多重动力。复杂性还表现在文化内部内容的多样性。

---

① 许明,花建.文化发展论 [M].北京:北京大学出版社,2005:96-97。
② 许明,花建.文化发展论 [M].北京:北京大学出版社,2005:101。
③ 马克思.1857—1858年经济学手稿摘选 [M]//马克思恩格斯文集(第8卷).北京:人民出版社,2009:34。

社会文化是由人所创造的，因此，文化也只有在创造者及其活动范围内运行才有意义。换言之，文化生成、演化、发展的范围必然打上人的烙印，而人作为社会性动物，其活动领域即人类社会。因而文化具有社会特性。正如马克思指出："'劳动只有作为社会的劳动'，或者换个说法，'只有在社会里和通过社会''才能成为财富和文化的源泉'。"①

（五）当代文化发展的特征

当今时代文化的生产更加个性化。霍克海默、阿道尔诺指出："文化工业的产品到处被使用，甚至在娱乐消遣的状况下，也会被灵活地消费。但是文化工业的每一个产品，都是经济上巨大机器的一个标本，所有的人从一开始起，在休息时，只有他还进行呼吸，他就离不开这些产品……文化工业的每一个运动，都不可避免地把人们再现为整个社会所需要塑造出来的那种样子。"②

当今时代文化发展的风险更加集聚化。伴随着全球化的深入发展，文化风险日益突出。文化本身发展所遇到的风险与文化对社会发展所带来的风险在当下愈加集聚化。文明与文化的冲突所带来的霸权主义、政治对抗，文化、宗教冲突所引发的局部战争、地区动荡在现时代正在向常态化发展，影响着每一个人、民族、国家乃至世界的生存与发展。

当今时代文化发展的趋向更加差异化。从历史上看，人类社会先后经历了孤立发展时期到多中心时期再到全球化时期。新一轮全球化条件下，文化形式与内容、文化的载体与传播都发生了巨大变化。原先的隐形的、自发的差异也渐渐向显性的、自觉的差异转变，多样化成为其明显特征，而"文化发展的差异化和多样化以及文化价值的分裂又必然带来文化上的冲突与竞争""文化差异和文明冲突直接造成的矛盾就是全球化与本土化的矛盾"③。这一切都体现了文化多样性的发展规律与发展趋势。总之，对待人类文化的共同态度应当就是尊重差异、共同发展。

---

① 马克思. 哥达纲领批判 [M] //马克思恩格斯文集（第3卷）. 北京：人民出版社，2009：430。
② 马克斯·霍克海默，西奥多·阿道尔诺. 启蒙辩证法 [M]. 渠敬东，曹卫东，译. 上海：上海人民出版社，2020：118。
③ 丰子义. 当代文化发展的新特征 [J]. 北京大学学报（哲学社会科学版），2018（2）：47-56。

当今时代文化的发展更加交融化、文化的驱动更加资本化。当代社会的文化发展交融化表现在文化领域与经济领域、政治领域、社会领域的渗透越发强烈、融合愈发加深。在生产力低下的过去社会，文化与经济、政治等的边界还是较为清晰独立的。随着社会经济的发展，文化受到资本驱动的影响越来越大，也与其他社会领域的交往越来越密切，呈现弥散化状况。

三、文化发展的方式

文化是如何演化发展，才渐渐走向现代文化的？其基本方式有三：创新、整合与重建。通过文化创新、文化整合、文化重建，传统生活才慢慢沉淀为文化，在不断创新吸收、选择整合的基础之上，才一步步走向新的时代。

（一）文化的创新

文化创新是文化发展的基本方式。易言之，文化发展就是不断创新的过程。创新一词虽诞生于近现代，其思想渊源却由来已久。《国语·周语》中的"以创制天下"，《易传》中的"富有日新"，都肯定了创新的价值。创新理论诞生于经济学领域，由 J. A. 熊彼特提出，认为创新是"新的或重新组合或再次发现的知识被引入经济系统的过程"。之后，创新思想逐步渗透于各个行业领域，创新研究也成为学术研究的热点之一。哲学上认为创新是人类的本质属性，是人与人类社会生存发展的内在根据，创新推动社会发展，创新促进人的发展。创新具有多种多样的形式与分类，有实践创新与理论创新、经济创新与政治创新等，文化的创新则是创新的其中一个种属，创新则是文化发展驱动的本质力量。创新是民族文化发展进步的灵魂。一个新理念的确立，总是同旧理念的破除相伴随的，正所谓不破不立。要勇于变革创新，为发展提供不竭动力。

文化创新即文化内在的创造性转化。内在的创造性转化是一系列思维方式、行为方式的变革，是一系列社会关系、利益关系的调整。文化创新是一个综合的复杂的系统工程，它不是局部内容或者个别要素的创新，而是整体的创新。文化创新是对旧文化的改造与突破，或是形成全新的文化。文化上的创新可分为完全创新与改进创新。一个是不同事物之间的引进、重组、改造，成为一个新兴的东西；一个是基于不同事物进行融合整合，形成一个前所未有的新兴事物。也可以说，改进创新是对传统文化的突破创新，完全创新则会产生新作用与新效果，更有利于促进人的发展，有利于社会整合，有利于经济社会发展。

从文化发展的自身规律来说，文化创新是任何文化进步的内在要求。文化能够不断地生成发展在于内在具有创新性和进步性。由于人本身的自由创造性使得人类精神及其活动呈现一个自由开放的状态，人类能够不断地塑造自我、进化自我，同时不断创造着文化。甚至可以说，只要人类存在一天，文化便永不消亡。创新进步与历史积淀形成内在的矛盾性或张力结构，这样"文化才是一种活生生的历史生成，它既不是给定的先验结构，也不是亘古不变的规范体系，而是经历着自我超越和自我完善进程的相对稳定的生存方式"①。

同时，特定时代有特定的文化特征，这是由特定时代的物质生活条件所决定的。文化创新以对时代的回应来体现文化发展。时代发展必然要求文化发展，文化发展必然要求理论创新。思想是行动的先导，能否推动国家文明大发展大繁荣和社会经济稳健前进的关键在于思想观念的解放与更新。历史上的每一次文化复兴都是从这一点出发的，思想观念的解放与更新是文化创新体系的核心和前提。以中国为例，五四运动、延安整风、真理标准大讨论等都是重大的思想解放运动，都是在观念创新中实现文化的前进。文化生命的灵魂和前进动力在于坚持不懈地进行创新。

（二）文化的整合

文化整合是文化发展的基本方式。鲁思·本尼迪克特就认为文化发展是一个整合的过程，在历史的发展中，一些文化特质被选择、吸收，渐渐规范化、制度化、合法化，并被强化为人的心理特征和行为特征；另外一

---

① 衣俊卿. 文化哲学——理论理性和实践理性交汇处的文化批判 [M]. 昆明：云南人民出版社，2005：19。

些文化特质被抑制、排除、扬弃，也就在整体上渐渐失去了价值和意义。

文化是整体性的，整体性是"真实的事物"的品质。从时间上来说，人类文化从历史流传至今才造就现代文化；从空间上来说，世界文化时代是大势所趋。人类正在迎来文化时代，必须要有一种整体意识去关注世界、关注人类的生存状况、关注文化发展，使地球文明的未来发展方向得到实际连贯的确立。如果丧失整体性，文化可能走入歧途。片段化、表面化、瞬间化的文化碎片会扭曲文化价值观，造成人类生活理念被短暂的、当下的、虚幻的精神所控制。

如果说文化创新是一个内部自身生产生发的过程，文化整合便是有选择地辨别、吸收、归纳、整理文化内部价值与外部多种文化的过程，是群体文化对个体意识、群体与群体之间的整合运动。由于外来文化的入侵，文化内在不可避免地受其影响，渐渐丧失其一定合理性，在本土文化与外来精神的搏斗中，双方水乳交融、批判吸收，同化整合为一种新的文化体。这个文化整体既不是简单总和的结果，也并非简单的文化积累，而是复杂的文化选择过程。文化整合"旨在强调把各种分散的、孤立的甚至冲突的文化价值力量整合为一种凝结着人类整体利益和整体价值理想的力量，从而使人类的文化实践行为充溢着一种健康自觉的人文精神关怀"①。

文化如何整合？首先，文化整合基于文化积累。文化不是一代人创造的，而是世代人创造并积累的；人的意识不是一朝一夕发展的，而是文化长期作用的结果。其次，文化整合非机械积累。文化整合既不是取消各种具体文化存在形态的极端主义，也不是停留于文化外在形态的机械相加。文化整合是基于历史文化与当下文化、本土文化与外来文化，以价值观的整合为核心的各种文化要素的整体性融合。再次，由于文化本身会流动变化，因此既要警惕文化价值的流动改变消散，又要不断对新的文化内容进行整理归纳充实。"虽然每种文化都有代表性的信仰、规范和价值，但会不断流动改变。只要环境或邻近的文化改变，文化就会有所改变及因应。除此之外，文化内部也会自己形成一股改变的动

---

① 邹广文. 社会发展的文化诉求［M］. 保定：河北大学出版社，2004：206。

力。"① 最后,全球化的现实发展以及面临的文化悖论呼唤文化整体性的价值观。现代化促进全球化。同质化与异质化不可调和的文化逻辑将消解,从而建立一种世界文化。未来的文化世界将是多元视野下的文化整合的世界。在精神文化方面应当可以树立这样的文化整合目标:沟通东西方文化精神,打破科技与人文之间的壁垒,统一理性与价值,实现人与自然、人与社会、人与自身关系的协调。

(三) 文化的重建

文化创新是文化发展的基本方式。文化创新、文化整合还是在原有文化上的改变,文化重建则是重塑文化精神,是文化最高阶层的发展方式。重建应当是文化发展的最激烈、最彻底的革命。

相较于创新、整合这种小范围或者说部分的改变,文化重建则是模式的改变。任何一种文化都是按照一定的结构功能发展起来的,其存在是有层次结构逻辑的。美国文化人类学家鲁思·本尼迪克特在《文化模式》一书中首次提出了"文化模式"的概念。文化在一定的生态环境中创造、积累、内聚、发展,各种特质渐渐稳定,结构功能也慢慢定型。文化的这种结构功能的稳定形态,通常称为文化模式。文化的这种内聚和整合就渐渐形成一种风格、一种理想、一种心理的和行为的模式。不同民族和社会有不同的文化模式,每一种文化模式都有自己的特色、价值取向及潜在的价值意识。鲁思·本尼迪克特所说的文化模式乃是一种文化的整体价值和意义,因此也可称之为"价值模式"。例如,新文化运动就是一种典型的自发的文化重建运动。当旧中国遭到外来的倾轧、打击,中国的知识分子意识到中国的旧文化必须改变,必须重建新文化。严重的外来文化入侵造成文化失范、文化冲突、文化焦虑,因此要对本民族文化进行批判之上的重建。

文化的重建往往难度很大。文化一方面是经验的积累,另一方面具有维持经验的功能。经验、知识、信仰等因为来之不易,所以要加以保持,为此常常被神圣化、规范化、制度化,成为人们遵从的文化模式。所以,只有当一种文化形态难以再适应这个社会的发展,原文化形态失

---

① 尤瓦尔·赫拉利. 人类简史 [M]. 林俊宏,译. 北京:中信出版集团,2017:157.

去其发展的合理性,那么文化发展才必然要经历文化的重建阶段。

第三节　新时代文化

界定新时代文化的概念,是研究新时代文化发展的逻辑起点。概念是对同类事物共同的一般特性和本质属性的概括和反映,是对事物整体的、内在本质的认识。"概念这种东西已经不是事物的现象,不是事物的各个片面,不是它们的外部联系,而是抓住了事物的本质,事物的全体,事物的内部联系了。"① "思维从具体的东西上升到抽象的科学的东西时,不是离开真理,而是接近真理。物质的抽象,自然规律的抽象,价值的抽象等,一句话,一切科学的抽象,都更深刻、更正确、更完全地反映自然。"② 正因如此,对新时代文化的界定也要站在哲学的高度去理解,既讲清新时代文化所具有的文化一般共同、普遍、统一的东西,又探寻新时代文化的独有特性,以深刻理解新时代文化的内涵,由此才能展开研究新时代文化的内容与发展。

一、新时代文化界定

(一) 中国特色社会主义文化

新时代文化的运行框架即为新时代中国特色社会主义文化。中国特色社会主义文化是马克思主义文化理论与中国实践相结合的产物,是中国革命、建设、改革实践的经验与智慧的结晶。党的十九大报告明确指出发展中国特色社会主义文化,就是以马克思主义为指导,坚守中华文化立场,立足当代中国现实,结合当今时代条件,发展面向现代化、面向世界、面向未来的民族的科学的大众的社会主义文化,推动社会主义精神文明和物质文明协调发展③。中国特色社会主义文化是当代中国马

---

① 毛泽东. 毛泽东选集(第一卷)[M]. 北京:人民出版社,1991:285。
② 列宁. 哲学笔记[M]. 北京:人民出版社,1993:142。
③ 习近平. 决胜全面建成小康社会,夺取新时代中国特色社会主义伟大胜利[M]//习近平谈治国理政(第三卷). 北京:外文出版社,2020:32。

克思主义文化,是当代中国文化的主流和最具生命力的文化形态。

(二) 精神文化

文化"是一个国家、一个民族的灵魂"①。新时代文化是与经济、政治、社会、生态并重的在"五位一体"总体布局中具有重要地位的文化。

新时代文化是与经济、政治相对应的精神文化概念,属于社会的思想上层建筑,是社会经济基础与政治上层建筑的反映。作为社会意识形态的文化,新时代文化反映了当代的社会政治和经济,同时又给予当代社会的政治和经济以巨大影响。整体推进"五位一体"总体布局,在文化建设方面就要继续坚持走中国特色社会主义文化发展道路,推动社会主义文化大发展大繁荣,深化文化体制改革,提高国家文化软实力,加强社会主义核心价值体系建设,丰富人民群众的精神文化生活,增强人民精神力量。

新时代文化建设处于与物质文明建设并重的地位。"中国特色社会主义是物质文明和精神文明全面发展的社会主义。"②"实现中国梦,是物质文明和精神文明均衡发展、相互促进的结果。"③ 只有物质文明建设和精神文明建设都搞好,国家物质力量和精神力量都增强,全国各族人民物质生活和精神生活都改善,中国特色社会主义事业才能顺利向前推进④。从十二届六中全会到十四届六中全会,中共中央对精神文明建设地位、作用的认识越来越深入。比较前后两个关于精神文明建设的决议会发现,如果说前者对精神文明建设的强调突出了为物质文明的发展提供精神动力、智力支持和思想保证,后者则把精神文明视为社会主义社会的重要特征,是现代化建设的重要目标和重要保证,体现了中共中央把精神文明建设纳入现代化建设总体布局的战略思考。新时代以来,物

---

① 习近平.决胜全面建成小康社会,夺取新时代中国特色社会主义伟大胜利 [M] //习近平谈治国理政(第三卷).北京:外文出版社,2020:32。
② 中共中央文献研究室.习近平关于社会主义文化建设论述摘编 [M].北京:中央文献出版社,2017:3。
③ 中共中央文献研究室.习近平关于社会主义文化建设论述摘编 [M].北京:中央文献出版社,2017:4-5。
④ 习近平.把宣传思想工作做得更好 [M] //习近平谈治国理政(第一卷).北京:外文出版社,2014:153。

质文化、精神文化的一般关系被进一步拓宽，不仅仅是外层与核心之间的联系，更是将其重要性置于同一层面，深化了文化哲学理论。

（三）新时代文化的独有特性

构成一个事物本质特征的要素不是这一事物同其他事物的共性，而是它所具有的特性，所以解释这样的文化概念不仅仅是拥有人本性、实践性等一般文化特质，还要深入把握中国特色社会主义文化内涵与新时代特质。"新时代文化是中华民族安身立命的精神基础和精神动力，在中国特色社会主义发展中发挥着基因和灵魂的价值导向作用。新时代文化具有鲜明的民族特色、时代特色和实践特色，它是以马克思主义文化理论为指导，以中华民族历史文化和革命传统文化为历史积淀，以中国特色社会主义实践为现实基础，以建设社会主义文化强国为目标，以实现中华民族伟大复兴中国梦为历史使命的文化新形态。"① 其本质规定性表现为新时代文化是以马克思主义为指导、以人民大众为主体的、植根于社会主义伟大实践的、具备新时代特性的文化。总之，新时代文化是新时代中国人生活的样法所依据的理念，然而又具有新的特性，从而构成了它的本质规定性，其内涵与特征具备独特性。因此具有民族性、科学性、人民性、先进性、时代性、世界性与实践性的特征。

第一，民族性。文化是一种符号，是一个社会的象征，民族性和连续性是文化的基本特征。文化自诞生以来就与生俱来地带有自身独有的民族性，这是不同民族文化区别于他者的最显著特征。新时代文化也不例外。文化的民族性和连续性特质，决定了中国特色社会主义文化不能与传统割裂。新时代文化是植根于中华民族土壤，以中华民族优秀传统文化为母体的民族文化。"优秀传统文化是一个国家、一个民族传承和发展的根本，如果丢掉了，就割断了精神命脉。"② 博大精深的中华优秀传统文化是我们在世界文化激荡中站稳脚跟的根基③。价值观念的转换

---

① 袁银传. 中国特色社会主义道路、理论、制度、文化 [M]. 北京：经济科学出版社，2019：232-233。

② 习近平. 努力实现传统文化创造性转化、创新性发展 [M] //习近平谈治国理政（第二卷）. 北京：外文出版社，2017：313。

③ 习近平. 培育和弘扬社会主义核心价值观 [M] //习近平谈治国理政（第一卷）. 北京：外文出版社，2014：164。

必须建立在对本民族文化的传承基础上才能成功。

第二，科学性。文化作为一种观念、意识、心理的存在也具有内容正确与否的特征。与落后的封建主义文化、腐朽的资本主义文化不同，新时代文化的内容具备科学性。其科学性表现在新时代文化是以马克思主义科学理论为指导的，并且是在不断的文化建设实践中发展起来的真理性文化。新时代文化发展牢牢遵守文化发展的一般规律，牢牢结合当代中国具体实际与时代特征，能够最为准确、全面地反映中国特色社会主义市场经济发展的基本规律和民主政治发展的本质要求。

第三，人民性。鲜明的人民性是新时代文化的根本特征。人民性是新时代文化区别于封建文化、资本主义文化的原则性问题。新时代文化就是人民所创造的文化，也是为最广大人民群众服务的文化。新时代文化是历史的选择、人民的选择，是主流文化。人民性是社会主义的本质属性，人民立场是中国共产党的根本政治立场。中国共产党人的初心和使命，就是为中国人民谋幸福，为中华民族谋复兴。不管是在革命战争年代，还是在社会主义建设时期，始终以广大人民群众的利益为标准和价值取向。人民是文化创造的主体，是文化建设的力量依靠，中国特色社会主义文化是人民在实践探索中的智慧总结。社会主义文化，从本质上说，也是人民的文化。具体表现为文化价值主体的人民性、文化价值理念的人民性、文化价值目标的人民性、文化价值评价的人民性。中国特色社会主义文化繁荣发展，立足点是充分尊重人民的主体地位，着力点是进一步调动人民群众的积极性参与文化建设，创造出优秀先进的文化成果，落脚点是满足最广大人民的精神需求。

第四，先进性。新时代文化是中华文化的最新成果，代表了最先进的文化方向。它集中体现了马克思主义文化发展理论在当代中国的具体运用和发展，既从中国五千多年历史文化中传承了中华民族传统文化基因以及近现代以来中国革命文化的优秀传统，又吸取了当今全球化、现代化、信息化的时代精神并代表了先进生产力和生产关系的发展要求，同时，植根于中国最广大人民群众的中国特色社会主义实践创造，是民族的、科学的、大众的社会主义先进文化。新时代文化"不是简单延续中国传统历史文化的母版，不是简单套用马克思主义经典作家设想的模板，更不是西方文化理论和实践的翻版，而是中国共产党带领人民继承和弘扬中华优秀传统文化、熔铸革命文化和社会主义先进文化、基于中国特色社会主义伟大实践的新创造"①。

第五，时代性。任何思想都会打上时代的烙印。人们的现实的生存环境、制度条件决定了他们对于一种思想学说的理解程度。不同于春秋战国时期"百家争鸣、百花齐放"的文化景象、汉武帝时期"独尊儒术、罢黜百家"的文化特征，新时代文化是独特的时代文化。任何一种类型的文化，都是在一定的时空序列中创造和呈现出来的，文化的空间性存在呈现出文化的民族性，文化的时间性存在彰显文化的时代性。中国特色社会主义进入新时代，这是党的十九大标定的我国发展新的历史方位。新时代的到来是中华民族从站起来、富起来到强起来的"转变"，是我国社会主要矛盾的"转化"，是中国从被动适应的对外开放到为全球化治理提供中国方案的"转变"。因此，我们标定的"新时代"是需要在这百年未有之大变局的时代背景下，为解决国内转化的主要矛盾、解决国际生发的各种难题提供中国力量与智慧的时代。

第六，世界性。正所谓"越是民族的，越是世界的"。文明因交流而多彩，文明因互鉴而丰富。发展的时代性必然体现和反映着文化的世界性。中华民族源远流长，直至宋元时期也曾成为过世界的文化交流中心。随着世界的地理差距日益减弱、经济政治的全球化、科学技术等传播手段的发达，新时代文化也愈发能通过便利的外在条件传播到世界各个角落，成为世界文化。任何一种文化，不论它产生于哪个国家、哪个地区，始终处于流动、开放的状态，这是文化发展的基本规律。新时代文化的独特文化艺术能够成为世界文化的重要组成部分，成为世界人民共享共乐的文化成果。新时代文化的价值观念能够日益深入世界人民心中，成为世界人民的广泛共识。新时代文化追求平等、自由、富强、民主的价值理念是全世界的共同追求。中华文化的独特品质不仅仅是对自己本民族文化的传承与超越，而且能够以包容的精神和宏大的气魄对待世界各个民族与国家的文化。回顾历史，每一次文明的演进与文化的进

---

① 袁银传.中国特色社会主义道路、理论、制度、文化[M].北京：经济科学出版社，2019：237。

步无不是在冲突、碰撞、融合中完成的。中华文化之所以源远流长、生生不息，在于它始终秉持着开放、包容的态度，积极吸纳、借鉴人类文明的一切有益成果。对待有利于自身发展的异质文化，它总是"洋为中用"使外来文化转化成自己的一部分，在中西方有效的对话中沟通交融、取长补短、发展壮大。

二、新时代文化内容

新时代文化内涵丰富。中国特色社会主义文化既有涉及掌握意识形态领导话语权的要求，又有推动文化产业快速发展的需要；既有加强社会主义核心价值观建设的目标，又有提高公民道德素养的目的；既有提升中国软实力的宗旨，又有繁荣世界文明的视野。新时代文化内容包括核心层次的价值观念与指导思想，在价值观念与思想指导下由情感、态度结合而成的中国精神等，以及哲学社会科学、社会主义文艺与文化事业产业。

（一）指导思想

新时代的指导思想，是马克思主义、中国特色社会主义理论体系，习近平新时代中国特色社会主义思想，其既是理论武装也是思想武器。两者通过渗透理想信念、价值理念、道德观念将意识形态贯彻到一切精神领域中去，处于统领精神文化的地位。马克思主义指导思想包含着科学的世界观、人生观、历史观、价值观。心有所信，方能行远。崇高信仰与坚定信念就来自于科学的马克思主义理论武装。马克思主义思想是被实践证明的真理，也是仍在实践中不断推进和发展的真理。马克思主义科学理论所勾勒的宏伟蓝图、所蕴含的价值底蕴、所秉承的道德原则都是新时代中国精神文化的追求。其中，习近平新时代中国特色社会主义思想是中国特色社会主义理论体系的最新成果。

（二）价值观念

新时代价值观念或说价值理念即指社会主义核心价值观。倡导富强、民主、文明、和谐，倡导自由、平等、公正、法治，倡导爱国、敬业、诚信、友善，使之成为全体人民的共同价值追求。价值观是文化的本质灵魂，价值观的异同是造成各种文化碰撞或融合的根本原因。社会主义核心价值观能有效吸纳或整合多元价值观，从而达到凝聚人心、凝聚共识的社会作用。

(三) 中国精神

中国精神包括情感认同、态度倾向及精神秉持。由价值观念凝结成为精神、情感,其中,精神是新时代各种精神的总称,可分为科学精神与人文精神。中国精神"就是以爱国主义为核心的民族精神,以改革创新为核心的时代精神。这种精神是凝心聚力的兴国之魂、强国之魂。爱国主义始终是把中华民族坚强团结在一起的精神力量,改革创新始终是鞭策我们在改革开放中与时俱进的精神力量"[①]。其中,"爱祖国、爱人民,是最深沉、最有力量的情感,是博大之爱"[②]。以爱国主义为核心的民族精神是中华民族在长期实践过程中形成的意志品格。以改革创新为核心的时代精神是中国人民在改革开放年代形成的独特精神力量。

(四) 道德情操

道德情操或说道德观念、道德规范、道德水准是新时代文化的重要内容。习近平总书记强调:"道德之于个人、之于社会,都具有基础性意义,做人做事第一位的是崇德修身。"[③] 道德是人类安身立命的行事原则,优良道德的内在秉持有利于完善个人人格、营造良善社会氛围,促进国家与民族的进步。"中华民族在长期实践中培育和形成了独特的思想理念和道德规范,有崇仁爱、重民本、守诚信、讲辩证、尚和合、求大同等思想,有自强不息、敬业乐群、扶正扬善、扶危济困、见义勇为、孝老爱亲等传统美德。"[④] 新时代的道德观以中华传统美德为基础,包括社会公德、职业道德、家庭美德、个人品德。

(五) 风俗习惯

风俗习惯是人民群体长期生活过程中积淀下来的舆论、行为习惯等社会氛围。党的十九大报告指出要弘扬科学,开展移风易俗、弘扬时代

---

① 习近平. 在第十二届全国人民代表大会第一次会议上的讲话 [M]//习近平谈治国理政(第一卷). 北京: 外文出版社, 2014: 40。
② 习近平. 努力开创中国特色社会主义事业更加广阔的前景 [M]//习近平谈治国理政(第二卷). 北京: 外文出版社, 2017: 6。
③ 中共中央文献研究室. 十八大以来重要文献选编(中) [M]. 北京: 中央文献出版社, 2016: 7。
④ 中共中央文献研究室. 十八大以来重要文献选编(中) [M]. 北京: 中央文献出版社, 2016: 136。

新风行动。形成正确舆论导向、良好行为习惯、深沉情感认同的社会风尚是新时代文化的追求。新时代文化尤其注重营造清朗的舆论空间。

（六）科学、哲学、文艺

社会主义文学艺术、哲学社会科学等，是精神文化层面最为凝练、最为精华的部分。科学即科学思想、科学知识、科学思维、科学精神等。与之相关切的是各种科学技术、科学手段、科考活动，都蕴含着科学这一精神文化内容，而"一个国家的哲学社会科学发展水平，深刻反映着一个民族的思维能力和精神品格，是国家文化实力和价值观影响力的重要体现"①。中国特色哲学社会科学就是具有中国特色、中国风格、中国气派的哲学社会科学学科体系、学术体系和话语体系。社会主义文艺包括以艺术活动、艺术作品等呈现的思想内容。文学艺术是人的认识、体验、改造世界的总体性文化关照。在这个以科学思维、技术思维为主导的现代化社会，人们对生活的理解也渐渐趋于理性化、科学化、规则化，而忘了自己生活世界的出发点不仅仅是建造一个理性、科学的生活，更是在理性、科学的基础上可以文化地栖居着。"'人'本来就是'诗意地存在着'，只是因为人事纷繁，一般人常'忘了'这个'本来'之处。"② 文学艺术便是文化生活的最好表现。文学艺术以不同的创造形式、以丰富多彩的创造内容反映着新时代中国人民的文化本质与文化理想。

（七）文化事业产业

在新时代文化发展中，文化事业产业在文化软实力中占据着重要地位。文化事业产业包括多种形式的文化实践活动与多个层面的文化产业体系，具体如全民健身运动、群众性文化活动、公共文化服务体系、文化惠民工程、文物保护利用与文化遗产保护传承、现代文化产业体系与市场体系、文化业态等。

三、新时代文化发展

（一）新时代文化发展的缘由

"每一种文化都以原始的力量从它的土生土壤中勃兴起来，都在它

---

① 任洁.习近平新时代中国特色社会主义文化观释读[J].求索，2019（1）：56。
② 叶秀山.美的哲学[M].上海：东方出版社，1991：61。

的整个生活期中坚实地和那土生土壤联系着。"① 新时代文化发展具有现实性与学理依据。其学理依据在于：从文化的发展或是动的方面来看，它是含有变化与累积的历程②。任何事物维系其存在的缘由在于运动发展，不发展便会慢慢消亡。文化亦然，文化发展是文化生存下去的根本缘由，文化是生存需要与发展需要复合的存在。在新时代，发展仍是解决我国所有问题的关键。经济、政治、文化、社会生态文明各领域密切关系、相互交融。任何一个变动都会影响其他领域，任何一个领域的发展也关系到其他领域。为进一步推动各个领域发展，全面深化改革，实现民族复兴，新时代文化发展势在必行。

（二）新时代文化发展的内涵

首先，新时代文化发展是坚持马克思主义的发展观点③，是总体的、主体的、现代的发展，是以文化转型、素质提高、生存方式和行为方式转变为主要内涵的人自身的现代化，是从自在自发的状态向自由自觉状态的跃升。新时代文化发展是一种独特的贴合自身规律的文化发展类型，为建设中华文化打开广阔前景。

其次，新时代文化发展符合新发展理念。文化上也要贯彻新发展理念，把新发展理念落到实处④。新发展理念开拓了发展理论的新境界。新发展理念既是文化理论的新发展、新拓展，又指明了新时代文化发展的方向。第一，文化发展要创新发展。创新是引领发展的第一动力。必须把创新摆在国家发展全局的核心位置，不断推进理论创新、制度创新、科技创新、文化创新等各方面创新，让创新贯穿党和国家一切工作，让创新在全社会蔚然成风。第二，文化发展要协调发展。文化协调发展意为正确处理文化与社会其他领域的关系以及文化内部各要素发展之间的关系，旨在注重国家硬实力与软实力、物质文明与精神文明、文

---

① 奥斯瓦尔德·斯宾格勒. 西方的没落（上卷）[M]. 齐世荣，田农，林传开，等，译. 北京：商务印书馆，1963：39。
② 陈序经. 文化学概观 [M]. 北京：中国人民大学出版社，2005：56。
③ 习近平. 毫不动摇坚持和发展中国特色社会主义 [M]//习近平谈治国理政（第一卷）. 北京：外文出版社，2014：21。
④ 习近平. 把新发展理念落到实处 [M]//习近平谈治国理政（第二卷）. 北京：外文出版社，2017：223。

化各内容齐驱并进,增强发展的整体性。第三,文化发展要绿色发展。绿色是永续发展的必要条件和人民对美好生活追求的重要体现。坚持绿色发展理念,倡导合理消费,力戒奢侈浪费之风,推动形成勤俭节约的社会风尚。第四,文化发展要开放发展。开放是文化发展繁荣的必由之路。第五,文化发展要共享发展。坚持发展为了人民、发展依靠人民、发展成果由人民共享的人民主体发展观是文化发展的本质要求。创新发展、协调发展、绿色发展、开放发展、共享发展相互贯通、相互促进,是具有内在联系的集合体。其中文化发展作为"五位一体"总体布局中的重要组成部分,是发展的一个重要方面。

最后,新时代文化发展旨在推动文化内容的共同进步。文化总体上分为核心的思想观念、日常生活中形成的不自觉的精神,以及科学、艺术、哲学为代表的精神生产领域的自觉人类精神。新时代文化发展就是要加强塑造与引导核心的思想观念,形成良风习俗,将自觉的精神成果通过技术等手段转化为重复性的日常生活方式,这样才能推动社会进展,改善人的存在。要理性分析经济社会变革导致的文化变迁,认真对待人们的精神需求,冷静思考发展路径与方向,确立创造性、建设性的主导价值观念,为民族生命的绵延提供精神动力。

第二章

新时代文化发展的多重背景

"时代是思想之母,实践是理论之源。"任何一种文化类型的发展都有其时代背景与实践基础。新时代文化发展也须借鉴前人的文化发展理论,并结合当下时代要求。通过梳理新时代文化的理论来源、实践基础与时代境遇,可以进一步深入了解其发展趋势与规律。

第一节 新时代文化发展的理论来源

新时代文化发展来源于马克思主义的文化发展理论,来源于毛泽东思想的文化发展理论,来源于改革开放以来党的文化发展理论,来源于"中西马"文化资源的融合与创新。新时代文化发展集结了古今中外的文化理论智慧。

一、马克思主义的文化发展理论

19世纪正处于资本矛盾尖锐、世界战乱纷争的时代,中心议题乃无产阶级解放、人的自由发展,文化问题并未成为当时重点研究的问题。源于解答资本主义社会矛盾这一尖锐时代问题的历史语境与区别唯心史观论战的学术背景,马克思主义的创始人马克思、恩格斯并未对文化本质、现象、规律等问题进行系统翔实的阐述,但这并不意味着其文化理论的缺失。恰恰相反,马克思、恩格斯在其著作中大量使用"精神""意识形态"等词汇来替代"文化",将文化思想贯穿于唯物史观视域的创立与发展中,形成了马克思主义文化观。

马克思主义的文化发展理论肯定了文化发展的起点与目的，认清了文化发展的本质与规律，表明了文化发展的特点与趋势，指出了文化发展的条件与内容，奠定了新时代文化发展理论的根基。

在马克思和恩格斯看来，人是文化发展的起点。现实的、具体的人通过劳动生成文化、通过劳动满足文化需求。马克思主义的文化发展理论也是以此为起点。文化发展需要自由的人的自由时间。马克思和恩格斯认为，人的自由时间主要用于娱乐、休息、创造和满足个人精神文化需要，是人自由发展的前提。而自由发展能够推进人的文化方面的发展。"由于给所有人腾出了时间和创造了手段，个人会在艺术、科学等方面得到发展。"[1] 而实现人的自由全面发展是文化发展的最终目的。马克思主义以解放人类、实现共产主义为奋斗目标，文化发展也是其中一种必要的"手段"。人的自由全面发展不仅需要物质财富的极大丰富，还需要精神财富的极大丰富。在马克思看来，资本主义大工业生产使得"人与他自身相异化"，彼时的工人毫无精神文化可言，彼时的资本家也是为资本所奴役、精神是空虚的。一句话，各阶层市民的精神都被金钱所控制、所奴役，文化是淡漠的。因此，马克思和恩格斯强调要消灭旧的分工、大力发展物质基础、进一步发展文化，使得现实个人自由而全面地发展，以占有自己的全面本质。到那时，人就是文化、文化就是人。

现实情况是，文化发展存在阶级性。统治阶级的思想在每一时代都是占统治地位的思想。换句话说，一个阶级，只要它是在社会上占统治地位的物质力量，它必然也是在社会上占统治地位的精神力量。所以，这个阶级不仅拥有物质生产资料的支配权，同时也拥有精神生产资料的支配权。这种支配权使整个国家的文化，都隶属于这个阶级，并且为这个阶级服务。因此，文化在古代奴隶社会代表的是奴隶主的利益，在中世纪代表的是封建贵族的利益，在近代资本主义社会必然代表资产阶级的利益。所以马克思和恩格斯认为资本主义文化是片面与虚伪的。"法律、道德、宗教在他们看来全都是资产阶级偏见，隐藏在这些偏见后面

---

[1] 马克思. 《政治经济学批判（1857—1858年手稿）》摘选 [M] //马克思恩格斯文集（第8卷）. 北京：人民出版社，2009：197。

的全都是资产阶级利益。"① 资产阶级只会从自身的利益出发确定文化发展的方向。资本主义文化表面上是社会文化,实质上是敛财的工具和手段。但文化发展有其客观规律,不以人的意志为转移,具体表现为文化与经济、政治的关系。文化发展是以经济发展为基础的,但同时文化又具有相对独立性,对经济发展具有反作用。"政治、法、哲学、宗教、文学、艺术等的发展是以经济发展为基础的。但是,它们又都互相作用并对经济基础发展作用。并非只有经济状况才是原因,才是积极的,其余一切都不过是消极的结果。这是在归根到底总是得到实现的经济必然性的基础上的互相作用。"② 一方面,一切文化现象总的受经济生活的制约。另一方面,社会意识本身从物质生产中分离以后,又具备相对独立性。正所谓"经济上落后的国家在哲学上仍然能够演奏第一小提琴"③。文化并不永远是经济的被动物,文化作为人类精神的体现,可以有相对的超越性并影响经济发展。文化与政治相互影响。马克思恩格斯认为,只有消灭资本主义制度,才能破除文化发展的障碍和获得社会解放。"只有在这样的前提下,即整个社会都处于这个阶级的地位,也就是说,例如既有钱又有文化知识,或者可以随意获得它们,这个阶级才能解放整个社会。"④

就文化发展趋势来说,文化发展是民族性与世界性的统一。马克思晚年的《人类学笔记》集中分析了西方19世纪六七十年代文化研究成果,指出了文化发展由于受到不同生存环境和对外交往程度的影响,呈现出独有的特征,展现出文化的民族性与多样性。马克思指出,有一些文化在地理上与外界隔绝,以致独自经历了各个不同的发展阶段;另外一些文化则由于外来的影响而混杂不清。因此,马克思认为各民族文化有其独特民族性,只能走适合自己个性发展的文化道路,共同构成多样

---

① 马克思,恩格斯.共产党宣言[M]//马克思恩格斯文集(第2卷).北京:人民出版社,2009:42。

② 恩格斯.恩格斯致瓦尔特·博尔吉乌斯[M]//马克思恩格斯文集(第10卷).北京:人民出版社,2009:668。

③ 恩格斯.恩格斯致康拉德·施米特[M]//马克思恩格斯文集(第10卷).北京:人民出版社,2009:599。

④ 马克思.《黑格尔法哲学批判》导言[M]//马克思恩格斯文集(第1卷).北京:人民出版社,2009:14。

的人类历史文化、多样的文明模式。也正是如此,文化发展因其客观规律有其必然趋势。首先,全球化文化发展趋势。资本在客观上通过所增进的物质财富、所发明的科技手段促进了人们的交往与融合,从而促进了文化世界化。资本主义"把一切民族甚至最野蛮的民族都卷到文明中来了",按照自己的模式创造了属于自己的世界;资本的内在扩展性使得"一切国家的生产和消费都成为世界性的了"①。由于人类社会各个环节同时存在又相互依存,不同要素之间相互作用,所以在物质生产世界化交往的同时,文化世界化交融也是不可阻挡的潮流。世界历史不仅是经济全球化的历史,而且是世界文化交融的历史和普遍交往的历史。个人不再局限于某一地域,而成为具有世界流动性的主体,多元文化与身份认同等都会成为时代潮流所堆积产生的文化交往问题。同时,共产主义文化是发展趋势。马克思和恩格斯认为,资本主义文化是历史进程必然出现的阶段,但不可能取得实质性的繁荣发展。"大工业通过普遍的竞争迫使所有个人的全部精力处于高度紧张状态。它尽可能地消灭意识形态、宗教、道德等,而在它无法做到这一点的地方,它就把它们变成赤裸裸的谎言。"② 因此,资本主义大工业越发展,资本主义文化越走向腐朽和衰败,共产主义文化必将最终到来。

当然,文化发展除了大的规律、趋势、方向之外还有其具体内容。市民社会是发展文化的先决条件之一。社会联系的人是文化发展的主体,那么社会的人组成的市民社会就是文化发展的器皿。教育在文化发展中起着重要的基础作用。马克思和恩格斯高度重视教育的基础作用,将实行普遍的教育作为推动文化发展的基本措施。他们指出:"显而易见,社会成员中受过教育的人会比愚昧无知的没有文化的人给社会带来更多的好处。"③ 文化需求推动文化发展。文化需求"是同满足需求的手段一同发展起来的,并且是依靠这些手段发展的"④。在马克思和恩格

---

① 马克思,恩格斯.共产党宣言[M]//马克思恩格斯文集(第2卷).北京:人民出版社,2009:35.
② 马克思,恩格斯.德意志意识形态[M]//马克思恩格斯文集(第1卷).北京:人民出版社,2009:566.
③ 马克思,恩格斯.马克思恩格斯全集(第2卷)[M].北京:人民出版社,1957:614.
④ 马克思.资本论(第1卷)[M].北京:人民出版社,2004:585-586.

斯看来,文化需求也是推动文化发展的动力。最后,就文化发展内容而言,要重视现实主义文化创作。马克思指出:"艺术对象创造出懂得艺术和具有审美能力的大众——任何其他产品也都是这样。因此,生产不仅为主体生产对象,而且也为对象生产主体。"① 要在文化作品生产中把握主体与对象的辩证关系。

二、毛泽东思想的文化发展理论

毛泽东思想内涵丰富,其中关于文化发展的地位、目标、方法、路径的理论,为新时代文化建设提供了宝贵启示。毛泽东思想的文化发展理论认清了文化发展的时代地位,创新了文化发展的原则方法,深入研究了文化发展的具体内容,为新时代文化发展理论开创了中国典范。

在总体建设规划方面,毛泽东思想的文化发展理论明确了文化发展的总体地位、时代地位、目标取向、根本目的与主体力量。第一,明确文化建设的总体地位。发展文化要建立在对其地位的准确认识之上。毛泽东指出"一定的文化是一定社会的政治和经济在观念形态上的反映"②,而"人的认识,在物质生活以外,还从政治文化生活中(与物质生活密切联系),在各种不同程度上,知道人和人的各种关系"③。第二,明确文化发展的时代地位。文化建设随着时代的发展而发展。在新民主主义革命胜利之际,毛泽东提出"随着经济建设的高潮的到来,不可避免地将要出现一个文化建设的高潮。中国人被人认为不文明的时代已经过去了,我们将以一个具有高度文化的民族出现于世界"④。第三,明确文化发展的目标取向。毛泽东毕生追求强国之梦,明确建设新文化的目的是服务中国,将"一个经济上文化上落后的国家,建设成为一个工业化的具有高度现代文化程度的伟大的国家"⑤。第四,明确文化发展的根本目的。在毛泽东看来,以往社会的文化发展以少数人娱乐和享受

---

① 马克思,恩格斯. 马克思恩格斯选集(第2卷)[M]. 北京:人民出版社,2012:692。
② 毛泽东. 毛泽东选集(第二卷)[M]. 北京:人民出版社,1991:694。
③ 毛泽东. 毛泽东选集(第三卷)[M]. 北京:人民出版社,1991:847。
④ 毛泽东. 毛泽东文集(第五卷)[M]. 北京:人民出版社,1996:345。
⑤ 参考毛泽东在中华人民共和国第一届全国人民代表大会第一次会议上的开幕词《为建设一个伟大的社会主义国家而奋斗》。

为目标，广大劳苦民众被排除在外。而社会主义和社会主义文化发展的主体应是最广大的人民群众，人民群众是文化发展的动力，是文化的创造者和发展者，也是文化发展的享受者。早在新民主主义革命时期，毛泽东在新民主主义的三大纲领中就提出新民主主义文化是大众的文化，它应为全民族中百分之九十以上的工农劳苦民众服务，并逐渐成为他们的文化。"新民主主义的文化运动和实践运动，都是群众的。"[①] 所以文化发展以为人民服务为根本目的。第五，明确文化发展的主体力量。人民群众是创造文化与发展文化的主体，其中的知识分子阶层是发展文化的主体力量。毛泽东强调要尊重知识、尊重知识分子，知识分子是社会主义的劳动者，还制定了无产阶级教育路线。

在文化发展的原则方法方面，毛泽东思想的文化发展理论也为新时代文化发展理论指明了方向。第一，坚持以马克思主义为指导的文化发展前提。毛泽东指出马克思主义是大家指望、趋附的旗帜，指导我们思想的理论基础就是马克思列宁主义。能不能坚持马克思主义的指导地位，不仅事关意识形态工作，更关乎社会主义事业的成败。他指出，各种各样的错误思想应当加以批判，要坚持马克思主义指导下的社会思想多元健康发展、百花齐放，新闻出版和文学艺术方面的工作领导权都要掌握在马克思主义者手里。第二，坚持百花齐放的文化发展格局。毛泽东认为文化发展应当在马克思主义指导下呈现百家争鸣、百花齐放的局面。"百花齐放、百家争鸣"写入党的八大文件，成为我国发展社会主义文化事业的方针。1957年毛泽东宣布将"双百方针"作为基本性的同时也是长期性的方针。让不同观点自由竞争、自由讨论，从而比较、鉴别出真善美的东西，由此文化、艺术与科学事业才能繁荣发展。只有充分发扬民主，通过学术上的民主讨论、艺术上的自由竞争以及批评与自我批评，求得意见的一致和辨明是非，才能够真正达到解决人民内部矛盾的目的。第三，坚持独立自主的文化发展原则与推陈出新的文化发展思想。毛泽东认为，文化发展要以本民族文化为发展基础，在独立继承的基础上自主发展、创新发展。"隔断历史是不行的，好像什么都是

[①] 毛泽东. 毛泽东选集（第二卷）[M]. 北京：人民出版社，1991：708。

我们白手起家,这种看法是不对的。"① 中国现时的新文化也是从古代的旧文化发展而来的,因此,我们必须尊重自己的历史,决不能割断历史。从孔夫子到孙中山的珍贵思想遗产都应当加以总结吸收,然后创新发展文化。第四,坚持批判继承的文化对待方法与开放吸收的文化前进态度。在《新民主主义论》中,毛泽东论述了吸收外来文化与继承古代文化的方法:"一切外国的东西……排泄其糟粕,吸收其精华,才能对我们身体有益,决不能生吞活剥地毫无批判地吸收。所谓'全盘西化'的主张,乃是一种错误的观点。……清理古代文化……决不能无批判地兼收并蓄,必须将古代封建统治阶级的一切腐朽的东西和古代优秀的人民文化即多少带有民主性和革命性的东西区分开来。"② 首先,毛泽东认为对待传统文化的方法论原则是"古为今用""批判继承""绝不能无批判地兼收并蓄"③。其次,要汲取各国文化之长以发展文化,做到"洋为中用"。在新民主主义文化纲领中他提出应将外国进步文化作为自己的文化食材;在《论十大关系》中他强调一切民族、一切国家的一切长处都要学习。

在具体内容上,毛泽东思想的文化发展理论为新时代文化发展提供了内容指导。第一,重视思想理论建设。掌握思想教育是我们第一等业务④。毛泽东高度重视思想理论工作,重视马克思主义的研究与宣传。他曾指出任何国家的共产党,任何国家的思想界,都要创造新的理论,写出新的著作,产生自己的理论家,来为当前的政治服务。他认为政治思想工作是一切工作的生命线。进入社会主义历史时期后,中国共产党和毛泽东在全国进行了马克思主义唯物史观的普及教育,并通过共产党、共青团、政府主管部门、学校等多方力量齐抓共管、形成合力加强思想政治教育。第二,加强伦理道德建设。首先,树立全心全意为人民服务的道德理念。毛泽东指出:"共产党就是要奋斗,就是要全心全意为人民服务,不要半心半意或者三分之二的心三分之二的意为人民服

---

① 毛泽东. 毛泽东文集(第六卷)[M]. 北京:人民出版社,1999:359。
② 毛泽东. 毛泽东选集(第二卷)[M]. 北京:人民出版社,1991:707。
③ 毛泽东. 毛泽东选集(第二卷)[M]. 北京:人民出版社,1991:708。
④ 毛泽东. 毛泽东选集(第二卷)[M]. 北京:人民出版社,1991:375。

务。"① 其次,坚持个人利益服从集体利益的道德原则。"要强调个人利益服从集体利益……要讲兼顾国家、集体和个人,把国家利益、集体利益放在第一位,不能把个人利益放在第一位。"② 最后,遵循以"五爱"为基本内容的道德规范:提倡爱祖国、爱人民、爱劳动、爱科学、爱护公共财产为全体国民的公德。第三,保持革命精神本色。新中国成立前夕,毛泽东就及时号召"务必使同志们继续地保持谦虚、谨慎、不骄、不躁的作风,务必使同志们继续地保持艰苦奋斗的作风"③。新中国成立后,摆在中国人民面前的是复杂而又艰巨的建设事业,毛泽东要求全党继续发扬艰苦奋斗的政治本色。"人是要有一点精神的。""我们要提倡艰苦奋斗,艰苦奋斗是我们的政治本色。"④ 第四,提倡健康社会风气。毛泽东重视健康文化风气的形成,希望出现一个"又有集中又有民主,又有纪律又有自由,又有统一意志、又有个人心情舒畅、生动活泼"⑤ 的文化氛围。第五,发展社会主义文艺与科学。毛泽东提出要大力发展社会主义文艺与科学,坚持百花齐放的艺术发展方法与百家争鸣的科学发展方法。他号召文艺家们到工农群众中去,描写成千上万的英雄模范人物,以繁荣社会主义的文学艺术。第六,发展文化事业与文化产业。对于文化事业,毛泽东认为其发展要坚持公益性原则,要将满足最广大人民群众的文化需求作为文化建设的基本任务。他指出:"我们中国是处在经济落后和文化落后的情况中。在革命胜利以后,我们的任务主要就是发展生产和发展文化教育。"⑥ 他重视新闻出版工作、发展农村文化事业建设。对于文化产业,毛泽东认为在保证文化产品社会主义性质的同时,文化产品的生产应该尊重市场的要求和价值规律,实行一定限度的市场化运作⑦。

---

① 毛泽东.毛泽东文集(第七卷)[M].北京:人民出版社,1999:285。
② 毛泽东.毛泽东文集(第八卷)[M].北京:人民出版社,1999:136。
③ 毛泽东.毛泽东文集(第八卷)[M].北京:人民出版社,1999:1438-1439。
④ 毛泽东.毛泽东文集(第七卷)[M].北京:人民出版社,1999:162。
⑤ 毛泽东.毛泽东选集(第五卷)[M].北京:人民出版社,1977:456。
⑥ 中共中央文献研究室.毛泽东文艺论集[M].北京:中央文献出版社,2002:129-130。
⑦ 胡剑.毛泽东文化发展思想及其当代意义[J].探索,2013(5):24。

三、改革开放以来党的文化发展理论

改革开放推进了经济、社会和文化的发展。在中国特色社会主义事业布局中,文化发展始终处于重要的地位。通过改革开放的伟大实践,党的几代领导人先后依次提出了精神文明建设、和谐文化建设、先进文化建设的文化发展理论,在实践探索中推进促成了新时代文化发展。

十一届三中全会以后,中共中央提出了建设社会主义物质文明和精神文明的重大命题①,要坚持社会主义物质文明和社会主义精神文明"两手都要抓,两手都要硬",二者同属于社会主义的伟大实践历程,不可偏废。邓小平同志指出:"所谓精神文明,不但是指教育、科学、文化(这是完全必要的),而且是指共产主义的思想、理想、信念、道德、纪律,革命的立场和原则,人与人的同志式关系,等等。"② 精神文明建设的提出表明了中共中央对文化建设的高度重视,党的十二大指出社会主义精神文明是社会主义的重要特征,是社会主义制度优越性的重要体现。社会主义精神文明建设大体可分为文化建设和思想建设两个方面,这两个方面互相渗透、互相促进③。除了对文化地位做了提升以外,党的十二届六中全会进一步对于社会主义精神文明建设的指导方针、根本任务作了具体规定,对精神文明建设工作进行了规划和部署,提出社会主义精神文明建设是关系社会主义兴衰成败的大事。《中共中央关于社会主义精神文明建设指导方针的决议》全面阐述了社会主义精神文明建设的战略地位和根本任务,阐述了最高理想和共同理想同社会主义道德建设的关系,把先进性和广泛性要求结合起来,进一步强调树立和发扬社会主义的道德风尚和明确马克思主义在精神文明建设中的指导作用。党的十四大再次强调了中国特色社会主义是两个文明都发达的社会主义。进一步,通过党十四届五中全会、党的十四届六中全会,精神文明建设被纳入国民经济和社会发展的总体目标,《中共中央关于加强社会

---

① 孙磊.中国特色社会主义文化发展道路论要——基于历史生成、独特地位、重要意义三个维度[J].东岳论丛,2016(7):30.
② 邓小平.邓小平文选(第二卷)[M].北京:人民出版社,1993:367.
③ 中共中央文献研究室.十一届三中全会以来党的历次全国代表大会中央全会重要文件选编(上)[M].北京:中央文献出版社,1997:227.

主义精神文明建设若干重要问题的决议》对改革开放以来的精神文明建设作了系统总结,对社会主义市场经济条件下的精神文明建设问题进行了探索,并首次对发展社会主义文化事业进行了部署①。决议提出社会主义精神文明建设,是以经济建设为中心、坚持四项基本原则和坚持改革开放的精神文明建设,是继承发扬优良传统而又充分体现时代精神、立足本国而又面向世界的精神文明建设。

之后,"精神文明"的提法演变成为"建设中国特色社会主义文化"的提法,对文化发展进行了进一步的限定,更加明确了文化建设的目标、对象、特色。"建设中国特色社会主义文化"的基本命题是江泽民同志在1991年庆祝建党70周年大会上的讲话中首次提出的。党的十五大科学界定了其内涵,指出建设有中国特色社会主义的文化,就是以马克思主义为指导,以培育有理想、有道德、有文化、有纪律的公民为目标,发展面向现代化、面向世界、面向未来的,民族的科学的大众的社会主义文化②。同时,指出"有中国特色社会主义的文化,就其主要内容来说,同改革开放以来我们一贯倡导的社会主义精神文明是一致的。文化相对于经济、政治而言。精神文明相对于物质文明而言"③。2000年2月,江泽民同志在广东考察时提出了"三个代表"重要思想,其中"党代表中国先进文化的前进方向"是文化发展理论的新思想。2002年11月,党的十六大坚持并展开了党的十五大关于文化建设方面的基本判断,指出当今世界,文化与经济和政治相互交融,在综合国力竞争中的地位和作用越来越突出。"在当代中国,发展先进文化,就是发展面向现代化、面向世界、面向未来的,民族的科学的大众的社会主义文化,以不断丰富人们的精神世界,增强人们的精神力量。"④围绕中国特色社会主义文化建设这个主题,提出了四个方面的任务:其一,坚

---

① 中共中央文献研究室.十一届三中全会以来党的历次全国代表大会中央全会重要文件选编(下)[M].北京:中央文献出版社,1997:371。
② 中共中央文献研究室.十一届三中全会以来党的历次全国代表大会中央全会重要文件选编(下)[M].北京:中央文献出版社,1997:424。
③ 中共中央文献研究室.十一届三中全会以来党的历次全国代表大会中央全会重要文件选编(下)[M].北京:中央文献出版社,1997:440。
④ 刘仓、岳从欣.中国特色社会主义文化纲领的历史发展[J].当代中国史研究,2009(1):26-33,125。

持弘扬和培育民族精神;其二,切实加强思想道德建设;其三,积极发展文化事业和文化产业;其四,继续深化文化体制改革①。党的十六大初步形成了中国特色社会主义文化发展道路的基本轮廓,中国特色社会主义文化理论正式形成。党的十六大之后,我们党对于中国特色社会主义文化建设的基本内容日益明确,对于推动中国特色社会主义文化发展的基本路径日益明晰,对于构建中国特色社会主义文化发展道路的思考愈发成熟②。党的十六届三中全会提出了要统筹社会主义物质文明、政治文明和精神文明协调发展的重要思想。《中共中央关于加强党的执政能力建设的决定》赋予了文化新的内涵,第一次提出了"解放和发展文化生产力"的命题。这就表明,文化生产力已经成为推动社会发展的重要力量之一。《中共中央关于加强党的执政能力建设的决定》还从提高党的执政能力的角度,提出坚持马克思主义在意识形态领域的指导地位,不断提高党建设社会主义先进文化的能力,并且从推进理论创新、深化文化体制改革、正确引导社会舆论、加强和改进思想政治工作、优先发展教育和科学事业等方面进行布局③。党的十六届五中全会指出要以科学发展观为指导加强精神文明建设,在制定国民经济和社会发展第十一个五年规划的建议中提出加大政府对文化事业的投入,逐步形成覆盖全社会的比较完备的公共文化服务体系,并且特别强调要积极开拓国际文化市场,推动中华文化走向世界④。

2006年胡锦涛同志在云南考察工作时强调,促进和谐文化建设,为构建社会主义和谐社会提供强大的思想道德力量。同年10月,党的十六届六中全会提出建设社会主义和谐文化这一重大议题,指出建设和谐文化是构建社会主义和谐社会的重要任务,社会主义核心价值体系是建设和谐文化的根本。马克思主义指导思想,中国特色社会主义共同理

---

① 中共中央文献研究室. 十六大以来重要文件选编(上)[M]. 北京:中央文献出版社,2005:29-32。

② 冯宏良. 中国特色社会主义文化发展道路的历程、经验与问题[J]. 当代世界与社会主义,2013(4):50-56。

③ 中共中央文献研究室. 十六大以来重要文件选编(中)[M]. 北京:中央文献出版社,2006:283-286。

④ 中共中央文献研究室. 十六大以来重要文件选编(中)[M]. 北京:中央文献出版社,2006:1080。

想，以爱国主义为核心的民族精神和以改革创新为核心的时代精神，社会主义荣辱观，是构成社会主义核心价值体系的基本内容。社会主义核心价值体系的提出点明了文化建设的核心与灵魂，是巩固全党全国各族人民团结奋斗的共同思想基础。党的十七大强调文化"越来越成为民族凝聚力和创造力的重要源泉、越来越成为综合国力竞争的重要因素，丰富精神文化生活越来越成为我国人民的热切愿望"，从增强民族凝聚力和创造力、提升国家综合国力和文化软实力、丰富人们精神文化生活的高度，进一步提出社会主义文化大发展大繁荣的发展目标，并以建设社会主义核心价值体系、建设和谐文化、弘扬中华文化、推进文化创新四个方面作为文化建设的着力点。明确提出"坚持社会主义先进文化的前进方向，兴起社会主义文化建设新高潮，激发全民族文化创造活力，提高国家文化软实力，使社会文化生活更加丰富多彩，使人民精神风貌更加昂扬向上"的历史任务，发出"推动文化建设大发展大繁荣""兴起社会主义文化建设新高潮"的时代号召[①]。在党的十七届六中全会上，胡锦涛同志就如何推动社会主义文化大发展大繁荣，如何建设社会主义核心价值体系，如何发展社会主义和谐文化作了进一步阐释，正式提出了"中国特色社会主义文化发展道路"命题，并提出了"建设社会主义文化强国"的战略目标。至此，改革开放以来党的文化发展理论日益深化完善。

四、"中西马"文化资源的融合与创新

除了马克思主义的文化理论来源，新时代文化发展当然还离不开中国传统文化与西方文化资源，更离不开这三派之间的交融交锋。说到底，新时代文化发展理论来源于"中西马"文化资源之间的融合创新。"中西马"如何融合创新是新时代文化发展的一个大背景。近代以来的文化之争从东西对立转化为"中西马"三派之争，直到"马魂中体西用"观点的提出——"马学"为魂，"中学"为体，"西学"为用，三流合一，综合创新，才为文化发展指明方向。作为一种文化创新理论，

---

① 中国共产党第十七次全国代表大会文件汇编[M]. 北京：人民出版社，2007：32-33。

它回答了如何处理百年中国文化发展道路中"中""西""马"之间的关系,是当代中国文化的基本特征和必由之路。"马魂中体西用"为当代中国文化结构和形态的形成奠定了理论基石。

中华五千年的文化积淀,汇聚成为中华民族历史文化智慧。中华优秀传统文化自甲骨文出现以来就不断积淀着深厚的文明,从春秋的百家争鸣到独尊儒术再到明清近现代都蕴含着诉说不尽的智慧,是几千年来中国人民实践活动凝结而成的智慧结晶,呈现出中华民族独特的精神标识与深层的价值追求。中华传统文化的发展"大体经历了中国先秦诸子百家争鸣、两汉经学兴盛、魏晋南北玄学流行、隋唐儒释道并立、宋明理学发展等几个历史时期"①。先秦时期是创生期,喷涌出"大同"社会理想和"天下为公,选贤与能,讲信修睦"的价值追求;秦汉至宋元时期是发展期,涌现民为邦本的民本思想、以文化人的文治主张、协和万邦的天下观等;明清时期是转型期,在与西方文化的交流碰撞中最终找到了马克思主义科学真理。西方文化虽不似中国传统文化这般连续不间断,但长时期、各民族的文化汇聚交织,也形成了西方文明。几千年的文化积淀,汇聚成为西方民族历史文化智慧。西方文化最初以古希腊文明为中心,历经中世纪后的文艺复兴、启蒙解放发展至今天的璀璨成果。恩格斯就曾评价过文艺复兴:这是一个需要巨人并且产生了巨人的时代,那是一些在学识、精神和性格方面的巨人②。由于地理环境、生活条件等不同,西方文化与中华文化大有差异。西方文化是注重个体、思辨、自由、理性的文化。西方文化自古希腊文明时期便十分兴盛,但大量理论、思潮被介绍传入中国是在19世纪末20世纪初。其中,与中国的未来之路、与个人精神的安身立命之处直接相关的西方政治思想和哲学思想的传介尤为突出。赫胥黎的《天演论》、亚当·斯密的《原富》等著作都是宝贵的思想文化资源。在价值观念方面,西方资产阶级启蒙思想家卢梭的《社会契约论》、孟德斯鸠的《论法的精神》等著

---

① 习近平. 在纪念孔子诞辰2565周年国际学术研讨会暨国际儒学联合会第五届会员大会开幕式上的讲话[N]. 人民日报, 2014-9-25(2)。
② 恩格斯. 自然辩证法[M]//马克思恩格斯文集(第9卷). 北京: 人民出版社, 2009: 405。

作，记述法国资产阶级革命的《法国革命史》及美国的《独立宣言》等文献，传播着平等、自由、天赋人权等学说。在科学精神与人文精神方面，西方素来以辩证思维、科学精神为目标追求。文艺复兴宣扬人文精神。18世纪以伏尔泰为代表的大家们追逐自由、平等。著名哲学家尼采的权力意志思想彰显了人求强大、求优势、求自身超越的生命精神。区别于中国的人伦天命，西方一直以来重理性思辨逻辑。在道德情操方面，涌现了康德等名人。西方的文化资源也数不胜数。其中，马克思主义学说从西方传入中国经历了一个历史过程。随着十月革命的一声炮响，马克思主义的传入打破了所谓的"古今中西"之争，文化交锋开始分化为"中西马"三派，即新学与旧学之争、西学与中学之争，即中国社会发展道路选择和思想文化论争的中心问题。

"中西马"文化既有相同之点、相通之处，又别有差异。"马魂中体西用"将三种文化形态有机地结合起来，取其所长、弃其所短，通过融合创新为当代文化构建及社会实践发展作出贡献。作为文化资源的"中西马"三"学"科学合理地整合起来，实质上是把马克思主义的指导思想地位、中国文化的主体地位和西方文化（外来文化）的"他山之石"地位三者有机结合起来，辩证统一起来，"坐集千古之智"，创造具有博大气象又有中国特色的社会主义新文化。无论是革命建设中毛泽东的新民主主义文化理论，以马克思主义的唯物史观为指导来处理文化与政治、经济的关系问题，强调批判地清理和继承古代文化，主张大量吸收外国的进步文化，还是社会主义建设中将马克思主义指导思想作为灵魂，强调以民族文化为主体，吸收外来有益文化，推动中华文化走向世界等论述，都体现了"马魂中体西用"的精神。新时代文化发展亦是如此。习近平总书记在"八·一九"讲话和"五·一七"讲话中反复指出当代中国哲学社会科学的标志是以马克思主义为指导，这就是对"马学为魂"思想的明确表达。在中国传统文化的继承上，习近平总书记反复强调中国性。"中国道路""中国理论""中国制度""中国精神""中国价值""中国智慧""中国力量""中国声音""中国话语""中国梦"等，是习近平总书记讲话中经常出现的概念。习近平总书记指出："历史是最好的教科书。中华优秀传统文化，领导干部也要学习，以学益智,以学修身。中国传统文化博大精深,学习和掌握其中的各种思想精华,对树立正确的世界观、人生观、价值观很有益处。"古人所说的"先天下之忧而忧,后天下之乐而乐"的政治抱负,"位卑未敢忘忧国""苟利国家生死以,岂因祸福避趋之"的报国情怀,"富贵不能淫,贫贱不能移,威武不能屈"的浩然正气,"人生自古谁无死,留取丹心照汗青""鞠躬尽瘁,死而后已"的献身精神等,都体现了中华民族的优秀传统文化和民族精神[1]。另外,习近平总书记也强调要坚持对外开放、博采众长、为我所用的方针,提倡不同文明交流互鉴,构建人类命运共同体;同时指出对国外哲学社会科学的成果,必须采取分析的态度,既不能不加分析地一概排斥,也不能不加分析地一概拿来,照搬照套。可以说,习近平同志的这些重要论述,从理论与实践的结合上为"铸马学之魂""立中学之体""明西学之用"作出了重要贡献。我们党在近百年奋斗历程中始终坚持先进文化的前进方向,始终坚持走"马魂中体西用"三学合一、综合创新道路。通过坚持以科学的世界观马克思主义为指导,坚持民族文化的主体性,坚持吸收世界各民族文化中的合理成分作为营养,集合三方优势、通过融合创新为新时代文化提供丰富的理论来源。

第二节 新时代文化发展的实践基础

中国特色社会主义文化是植根于中国特色社会主义伟大实践的文化,是对中国特色社会主义实践经验的科学概括与集中。如前所述,以实践的观点看待文化,文化是人类的存在方式,是人类实践活动的成果。那么,中国特色社会主义文化即是一般文化与中国特色社会主义实践相结合的文化概念,是创新型的文化概念。中国特色社会主义实践是中国特色社会主义文化产生、形成和发展的源头活水。在中国特色社会主义实践中,中国特色社会主义文化不断创新,成为中国特色社会主

---

[1] 习近平. 依靠学习走向未来 [M] //习近平谈治国理政(第一卷). 北京:外文出版社,2014:405-406。

理论体系的重要组成部分。中国共产党自成立起就肩负着实现中华民族伟大复兴的历史使命,包括复兴中华民族伟大文化。中华民族历史上的文化是强大而璀璨的。中华文明有着5000多年的悠久历史,是中华民族自强不息、发展壮大的强大精神力量①。但是,到了近代,由于内在的封闭、外来的侵略,中华文化日渐凋零。近百年来,中国共产党领导人民完成了新民主主义革命、社会主义改造,探索社会主义建设道路,进行改革开放伟大实践,开创和发展了中国特色社会主义,形成了宝贵的文化建设经验。文化发展理论的形成不是一蹴而就的,而是长期在实践中艰辛探索的结果。

一、革命、建设和改革开放的实践

新时代文化发展植根于革命、建设与改革开放的伟大实践。马克思和恩格斯曾经指出:"一切划时代的体系的真正的内容,都是由于产生这个体系的那个时期的需要而形成起来的。所有这些体系都是以本国过去的整个发展为基础的。"② 中国特色社会主义文化是基于中国具体实践形成、沉淀的文化。"以毛泽东同志为主要代表的共产党人的探索和实践,为新时期开创中国特色社会主义提供了宝贵经验、理论准备和物质基础;以邓小平同志为主要代表的共产党人,在改革开放新时期成功开创了中国特色社会主义;以江泽民同志为主要代表的共产党人,在世纪之交成功把中国特色社会主义推向21世纪;新世纪新阶段,以胡锦涛同志为主要代表的共产党人,成功在新的历史起点上坚持和发展了中国特色社会主义,并把中国特色社会主义推向一个新的发展阶段。"③ 因此,中国特色社会主义文化形态有其生成的经济、政治、社会等的实践根源。

1949年新中国成立后,中国共产党领导人民恢复国民经济,进行社

---

① 习近平. 实现中华民族伟大复兴是海内外中华儿女共同的梦[M]//习近平谈治国理政(第一卷). 北京:外文出版社,2014:64.
② 马克思,恩格斯. 马克思恩格斯全集(第3卷)[M]. 北京:人民出版社,1960:544.
③ 秦宣. 习近平新时代中国特色社会主义思想的主题、内容和逻辑结构[J]. 马克思主义研究,2020(4):27-34,163.

会主义改造，到1956年，基本完成了社会主义改造。新中国成立初期面临着方方面面的考验：经济千疮百孔的现状、党自身队伍建设的重任、军事上残留敌对分子的威胁、外交上的政治孤立，等等。那时候的文化发展必须基于国家经济复苏、政治稳定、军事斗争，才能形成本国的文化话语权。因此，1949—1952年，中国共产党领导全国各族人民为巩固人民民主政权而斗争，基本上完成土地制度改革和其他民主改革任务，取得抗美援朝战争的胜利，迅速恢复遭到严重破坏的国民经济，为向社会主义转变进而实现工业化准备了条件。1953年党提出过渡时期的总路线，开始实行第一个五年计划的大规模经济建设。到1956年，基本完成对生产资料私有制的社会主义改造，初步建立起社会主义基本制度。新民主主义革命的胜利，社会主义基本制度的建立，为当代中国的文化发展奠定了根本政治前提和制度基础。

1956年中国社会主义基本制度建立，党领导全国各族人民进行全面的大规模社会主义建设，对适合中国国情的社会主义建设道路进行了艰辛探索。我国初步建立起独立的比较完整的工业体系，为文化建设奠定了重要的物质技术基础；培养了一大批政治经济文化建设等方面的骨干力量；积累了领导社会主义建设的重要经验。在中国革命与建设时期，中国共产党通过建立国营经济和新的经济秩序、没收官僚资本与组建国营经济、依靠工人阶级恢复生产、统一全国的财政经济工作、恢复国民经济与各项建设的展开等一系列经济措施，为文化建设加固经济基础；通过建立地方各级人民政权、和平解放西藏、大规模剿匪斗争、镇压反革命、完成反封建的土地改革和各项民主改革等一系列政治措施，为文化建设提供稳定的政治基础；通过废除帝国主义在中国的特权、缔结《中苏友好同盟互助条约》等一系列外交手段，为新中国的文化建设提供和平的文化交流大环境。

1978年，党的十一届三中全会作出把党的工作中心转移到经济建设上来、实行改革开放的历史性决策，拉开了改革开放的帷幕。中国共产党正确回答了"什么是社会主义、怎样建设社会主义""建设什么样的党、怎样建设党""实现什么样的发展、怎样发展"等重大历史问题，为文化建设打下了新的实践基础。党的十二大提出建设有中国特色的社会主义，由此改革开放全面展开。党的十三大系统阐述了社会主义初级阶段理论，明确提出党在社会主义初级阶段的基本路线，确定了社会主义现代化建设"三步走"发展战略。党的十三大以后，党团结带领全国各族人民，深化改革开放，经受住内国外政治风波的严峻考验，完成治理整顿的任务。十三届四中全会以后，以江泽民同志为主要代表的中国共产党人依据新的实践确立党的基本纲领、基本经验，确立社会主义市场经济体制的改革目标和基本框架，确立社会主义初级阶段基本经济制度和分配制度，开创全面改革开放新局面，创立"三个代表"重要思想，成功把中国特色社会主义全面推向 21 世纪。党的十六大以后，以胡锦涛同志为主要代表的中国共产党人提出科学发展观，成功地在新的历史起点上坚持和发展了中国特色社会主义。我们党通过改革开放先解决"富起来"的问题，从一个封闭半封闭的状态走向开放，从计划经济转变为市场经济，为文化建设夯实物质基础；不断推进中国特色社会主义理论建设，先后提出"邓小平理论""三个代表"重要思想与科学发展观；秉承着为人民服务的初心，代表中国最广大人民的根本利益，"权为民所用、情为民所系、利为民所谋"，不断满足人民日益增长的物质文化需要；准确把握以"和平、发展"为主题的时代潮流，不断推动中国融入世界大势，为文化建设打开了交流交融的新视野。

二、新时代中国特色社会主义实践

新时代文化发展来源于新时代中国特色社会主义伟大实践。在中国特色社会主义新时代，中国共产党统筹推进"五位一体"总体布局，协调推进"四个全面"战略布局，紧扣我国社会主要矛盾的转化，坚持新发展理念，统筹推进稳增长、促改革、调结构、惠民生、防风险等各项工作，使得经济健康发展和社会大局稳定持续保持，人民群众获得感、幸福感、安全感不断增强，胜利实现了全面建成小康社会这一第一个百年奋斗目标。面对国内外复杂严峻的形势，面对中美贸易摩擦、国际金融市场动荡，新时代经济发展依旧保持良好势头，经济增速保持合理、经济结构不断优化、经济动能日益精进、经济互动日益频繁。在新冠疫情期间，是全球唯一一个经济正增长的大国，表现了新时代中国经济的强大活力。我国国家和社会治理体系不断完善，治理能力不断提升，社会主义民主进一步向现代化迈进。新时代中国继续深入贯彻全面依法治国的基本方略，深入推进党风廉政建设。新时代人民生活持续改善。在主要矛盾转化的背景下，党和国家坚持以人民为中心的发展思想，通过加大基本养老、医疗等保障力度、改造住房条件、发展更加公平更有质量的教育、加强和创新社会治理等措施来保障人民的多层次需求，广大人民的幸福感、获得感日益提升。资源节约型、环境友好型社会建设进一步取得成效。国家通过持续推进污染防治、壮大绿色环保产业、加强生态系统保护修复来解决污染问题、大力推动绿色发展。

我国推动构建新型国际关系，推动构建人类命运共同体。成功举办多次重大主场外交活动，例如，博鳌亚洲论坛年会、上合组织青岛峰会、中非合作论坛北京峰会、杭州峰会、厦门会晤等。党和国家将"中国梦"与"世界梦"紧密联系在一起，深入开展全方位外交布局，为人类社会的繁荣贡献中国智慧和中国方案。在经济外交、人文交流等方面取得卓越成效。

三、新中国成立以来党的文化建设经验

新中国成立以来，中国特色社会主义文化建设在几代中央领导集体的带领下发生了量的积累与质的飞跃。在以毛泽东为核心的党中央到以邓小平、江泽民、胡锦涛为核心的中央领导集体的探索下，中国特色社会主义文化建设理论日益完善、文化建设道路日益明晰、文化建设经验日益累积。从建设"民族的科学的大众的文化"到提出"两个文明一起抓"再到强调"党要代表先进文化的前进方向"直至发展"建设社会主义和谐文化"，中国特色社会主义文化理论不断产生新思想、新论断、新观点。具体来说，中国共产党建设文化的历史经验可概括为以下几条。

第一，坚持以马克思主义为指导，为文化发展指明方向。通过中国化、时代化、大众化的马克思主义为文化建设奠定理论基础。所有民族、所有国家文化的发展都需要有理论指导思想。马克思主义指导思想是建设中国特色社会主义的根本指导思想，当然也是建设中国特色社会

主义文化的指导思想，为文化建设定调。作为一种极富科学性与生命力的真理，马克思主义随着时代背景的变化而不断前进发展，不断随着实践的变化来调整自身，从而指导中国特色社会主义文化的科学发展。

第二，建设社会主义核心价值观体系，明晰文化发展的内在灵魂。核心价值观体系是文化发展的核心内容，把握好了核心价值观体系的发展要求就等于把握住了文化建设的主要方面。党的十六届六中全会首次提出建设社会主义核心价值体系的重大命题，明确了社会主义荣辱观的主要内容。作为社会主义意识形态的本质体现，社会主义核心价值体系能够正确引导多元化思潮，确定文化发展目标。社会主义核心价值体系通过挖掘中国特色社会主义共同理想为文化建设提高思想共识；通过提倡民族精神与时代精神为文化建设凝魂聚气；通过倡导践行社会主义荣辱观为文化建设奠定道德基础。

第三，坚持"百花齐放、百家争鸣"的文化发展方针。自1956年毛泽东同志首次提出这一基本方针以来，"百花齐放、百家争鸣"就成为文化建设的重大战略方针。针对艺术领域与学术领域的政治过度干预现象，毛泽东指出要自由发展、自由争鸣，营造文化大繁荣大发展的景象。通过这一方针的继承、贯彻与执行，中国特色社会主义文化逐年展现蓬勃生机与活力。实践证明，这是一条党的领导集体必须坚持的行之有效的文化发展方针。

第四，坚持为人民服务、为社会主义服务的文化发展原则。文化与人民、与社会主义之间是一种什么样的关系？对于这个关系的追问就体现了中央领导集体对文化与政治之间关系的思考。自新中国成立以来，文化建设虽受到十年"文革"与一时的"文艺为政治服务"错误口号的影响，但总体上中共中央对文化的建设是坚持了人民性方向与社会主义原则的。中国特色社会主义文化建设要满足人民的利益与需求，要满足社会主义发展的诉求。因此，为人民服务、为社会主义服务的价值取向符合文化建设的内在规律，赋予文化建设的内在生命，成为基本不变的文化发展原则。

第五，坚持传承优秀传统文化、坚持借鉴人类优秀文明的文化发展方式。建设文化除了上述的原则、方针以外，还需要有建设的方式方法。文化建设的主要方式就是通过文化创新来实现。文化创新源泉来自过去文化的承继发展、外来文化的交流借鉴。中国特色社会主义文化在长期以来的建设之中一直秉持着传承文化、借鉴文化的方法，以达到推陈出新、革故鼎新的文化创造效果。一方面，文化传承保证了文化的连续性、整体性，通过文化传承保留了文化价值体系中的良性要素，确认了特定民族文化系统的独特个性与身份特征，从而体现出与众不同的价值存在；另一方面，不同文化间的交流促成了多元价值元素的互融互通，为特定文化的价值再造与创新提供灵感与借鉴。

第六，坚持文化体制改革、实现文化事业产业发展的文化发展路径。中国特色社会主义文化发展一方面表现在精神层面，即让整个社会有更高的文明素质和精神追求。一个国家即使创造了巨大的物质生产力，并且能够使人民生活富裕程度不断得以提高，但如果缺乏精神层面的追求与提升，那么这个国家就必然会陷入道德匮乏、价值观虚无的社会发展危机，这最终也会限制社会生产力的进一步发展。因此，精神层面的文化发展是非常重要的，而这就需要通过文化事业的实践布局来实现。中国特色社会主义文化发展另一方面也表现在物质层面，即通过解放和发展文化生产力来体现文化的活力与影响力。在当今世界，文化产品所蕴含和展示出来的不仅是越来越高的科学理念和技术水平，而且是越来越突出的人文底蕴和价值观念。因此，通过文化产业的发展，我们不仅获得了看得见的物质生产力，而且实现了文化价值观的凝聚和传播，这对于增强我国文化软实力、提升国内文化认同感与国际文化影响力具有重要意义。改革开放以来，通过文化体制改革推动实现文化事业和文化产业共同发展，已成为中国特色社会主义文化发展的基本路径。

第七，增强文化软实力、建设社会主义文化强国的文化发展目标。党的十七届六中全会首次提出了增强国家文化软实力、建设社会主义文化强国的目标，文化软实力本质上体现的是文化价值观的吸引力与影响力，这表现在国内和国际两个层面。就国内来说，文化软实力体现为社会主义核心价值观的吸引力、凝聚力，并在此基础上产生高度的文化认同，形成中华民族共有的精神家园；就国际而言，文化软实力体现为世界文化交流中不断增强文化实力与竞争力,并能够以中国特色的文化价值观对世界文化格局和走向产生积极影响。可以说,社会主义文化强国是在提升国家文化软实力的基础上体现出来的,没有高度文化软实力的文化强国是不可想象的。同时,增强国家文化软实力,既需要继承并发扬优秀传统文化,以稳固文化认同之根,又需要积极借鉴、吸收国外先进文明成果,从而不断赋予文化软实力以崭新生命力。

第三节 新时代文化发展的时代境遇

马克思指出任何真正的哲学都是自己时代的精神上的精华,恩格斯也强调任何哲学都只不过是它所处时代的思想内容。理论是时代精神的集中反映和表达,理论创新肇始于时代的矛盾和问题。每个社会历史时代都有自己的时代文化。时代的变迁与文化的更替往往是相伴相生的。那么新时代文化的发展处于什么样的时代背景之下呢?党的十八大以来,国际国内形势发生了新的变化。习近平总书记在党的十九大报告中明确指出,国内外形势正在发生深刻复杂的变化,我国的发展仍处于重要战略机遇期,前景十分光明,挑战也十分严峻。新时代文化发展也处于国内国际两个背景之下:中国正处于中国特色社会主义发展的关键时期;世界正处于百年未有之大变局。如2020年的新冠疫情,就有可能改变世界格局,并让世界看到中国的崛起。必须清醒认识国内国际的诸多有利条件、不利因素的长期性、复杂性与多样性。基于此,习近平总书记指出:"领导干部要胸怀两个大局,一个是中华民族伟大复兴的战略全局,一个是世界百年未有之大变局,这是我们谋划工作的基本出发点。"①

一、国内背景:中国进入新时代

党的十九大报告指出,中国特色社会主义进入新时代,新时代我国

---

① 习近平. 胸怀两个大局,做好自己的事情[M]//习近平谈治国理政(第三卷). 北京:外文出版社,2020:77。

社会的主要矛盾发生了转变，由"人民日益增长的物质文化需求与落后的社会生产之间的矛盾"转化为"人民日益增长的美好生活需要和不平衡不充分的发展之间的矛盾"。

中国进入新时代意味着我国发展站到了新的历史起点上，中国特色社会主义事业进入了新的发展阶段。进一步来说，意味着中国进入新的更高水平的发展阶段，意味着我们要着力解决发展不平衡不充分问题，努力满足人民日益增长的美好生活需要。新时代中国要更加重视发展的质量和效益，更加重视人民的幸福感，更加重视各领域的全面协调可持续发展。同时也要看到，进入新时代，我国仍处于社会主义初级阶段的基本国情。

于新时代文化而言，新时代的变与不变从方方面面影响着它的发展。

首先，文化发展的地位提升了。马克思在《1844年经济学哲学手稿》中曾说："吃、喝、性行为等，固然也是真正的人的机能。但是，如果使这些机能脱离了人的其他活动，并使它们成为最后的和唯一的终极目的，那么，在这种抽象中，它们就是动物的机能。"[1] 因此，文化是人类发展的必备精神食粮，离开了文化，人类发展就失去了作为人而存在的意义。新时代背景下的文化发展，不仅肯定了文化的重要作用，更是着重提高了文化发展的地位。之前的物质文化需求达到满足即可，如今随着人民对美好生活的向往与追求，低层次的满足已经无法与人民的愿望相匹配，人们不再局限于简单的精神需要，而向更高层次、更高品质的精神需要转化。要满足人民过上美好生活的新期待，必须提供丰富的精神食粮。马克思曾说："人们奋斗所争取的一切无不同他们的利益有关。"[2] 新时代的奋斗则与高品质的精神需求相关联，新时代对文化发展提出了更高的要求。

其次，新时代要求文化发展更加平衡、更加充分。过去的矛盾主要在于"匮乏"，而新时代的问题在于"不均"。新时代的发展不平衡不充分，是包括文化发展的不平衡不充分。东部沿海城市的各类文化形式

---

[1] 马克思，恩格斯. 马克思恩格斯全集（第42卷）[M]. 北京：人民出版社，1979：94。
[2] 马克思，恩格斯. 马克思恩格斯全集（第1卷）[M]. 北京：人民出版社，1956：86。

及各类文化活动，水平远远高于中西部地区。另外，文化产品良莠不齐、文化"出口"低于文化"进口"。中国已经成为制造大国但却没有成为制造强国，中国出口一般以传统的工业产品为主，离文化出口、科技出口还有一定的距离。某些方面的文化要素发展强势、某些方面的文化要素发展弱势，文化的整体性发展需更加重视协调推进。

最后，文化发展面临着严峻的困难与挑战。结合当前中国现实文化发展状况，建设文化强国存在文化保守主义、文化虚无主义、文化崇洋媚外等文化难题挑战。改革开放促进人们的思想解放，在此过程中也产生了拜金主义、极端个人主义和享乐主义等道德滑坡的现象。面对此种精神文化的变化，有人否定改革开放，拒斥文化发展，认为文化应当退回古代，把封建文化糟粕奉为圭臬；有人否定文化，认为市场机制下的"商品"才是衡量一切的价值标准，精神文化生活物化，精神家园会由此失落。

二、国际背景：百年未有之大变局

当今世界正处于"百年未有之大变局"。党的十九大报告指出"世界正处于大发展大变革大调整时期"。2017年12月28日，习近平总书记指出："当前我国处于近代以来最好的发展时期，世界处于百年未有之大变局，两者同步交织、相互激荡。"① "放眼世界，我们面对的是百年未有之大变局。新世纪以来一大批新兴市场国家和发展中国家快速发展，世界多极化加速发展，国际格局日趋均衡，国际潮流大势不可逆转。"② 全面理解百年大变局的缘起与内涵，深刻把握百年大变局的变化及表现，有助于创新新时代文化发展路径，在世界发展大势中把握发展机遇。

百年未有之大变局是全世界范围内百年时间里所未见的质变现象。总的说来，大变局是指格局在变、模式在变、布局在变、问题在变。具

---

① 习近平. 努力开创中国特色社会主义外交新局面 [M] //习近平谈治国理政（第三卷）. 北京：外文出版社，2020：428.
② 习近平. 做好新时代外交工作 [M] //习近平谈治国理政（第三卷）. 北京：外文出版社，2020：421.

体有以下几个表现：一是发展中国家崛起和世界多极化新格局的形成。发展中国家的群体性崛起改变了国家间的实力对比，推动国际力量向更加平衡的方向发展。而大国之间的战略博弈又从另一侧面推动国际体系深刻变革，使得全球治理体系和国际秩序变革加速。国家间的实力联系达到百年未有之紧密。二是科技全球化、社会信息化为全球化发展注入新动力。第四次工业革命的颠覆性发展，人工智能的革命性升级，加快了重塑世界的脚步。三是经济全球化改变了全球的经贸秩序。经济格局是其他力量格局的基础。新兴市场国家迅速崛起，新一轮贸易保护主义、逆全球化思潮的泛起正在影响世界经济格局。四是文化多样化形成全球文化碰撞交融新格局。文明交流互鉴伴随着便捷的传播方式、低廉的传播手段而愈发频繁，使得普通民众思想达到百年未有之解放，影响了世界文化的发展方向。

然而，这一变局并没有从根本上改变资本主义与社会主义阵营的对立局面。时代仍处于马克思所揭示的历史时代——由资本主义社会向共产主义社会过渡的历史时代。两种制度的深度博弈使得世界社会主义机遇与挑战前所未有。习近平总书记在中共中央政治局第四十三次集体学习时强调指出："尽管我们所处的时代同马克思所处的时代相比发生了巨大而深刻的变化，但从世界社会主义500年的大视野来看，我们依然处在马克思主义所指明的历史时代。"在资本主义仍然占统治地位的时代，世界仍旧面临诸多挑战：国际金融危机深层次影响继续显现，形形色色的保护主义明显升温，地区热点此起彼伏，霸权主义、强权政治和新干涉主义有所上升，军备竞争、恐怖主义、网络安全等传统安全威胁和非传统安全威胁相互交织[1]。天下仍很不太平，发展问题依然突出[2]。对亚洲，尤其对于中国来说，发展是头等大事，文化发展就是其中之一。

于新时代文化而言，百年未有之大变局的变与不变从方方面面影响

---

[1] 习近平. 顺应时代前进潮流，促进世界和平发展 [M]//习近平谈治国理政（第一卷）. 北京：外文出版社，2014：272。

[2] 习近平. 共同创造亚洲和世界的美好未来 [M]//习近平谈治国理政（第一卷）. 北京：外文出版社，2014：329。

着它的发展。一是依旧面临着文化霸权的打压。时代本质决定了资本主义的文化霸权性质、文化殖民性质不会改变。以美国为首的西方国家一直以来都将自己的文化价值作为普遍的唯一价值观，企图以此维护本国的霸权地位。随着中国更加主动与积极地融入全球化浪潮，不同国家民族的文化交流交锋日益频繁，将不可避免发生冲突与对抗、激荡与融合。西方国家凭借其经济、科技上的优势，打着"自由、人权"的旗号，将文化发展模式与经济交流挂钩，动辄以经济制裁威胁、强迫中国接受西方思想和行为方式；军事上以国际和平使者、世界警察身份自居，以"乐善好施"形象宣传自己的价值观；科技上利用多种形式推行西方文化价值观，除了传统文化产品输出方式外，还利用强势技术手段，如互联网技术优势，形成全方位立体式的意识形态输出格局，进行思想文化渗透。

二是全球问题治理需要共识。解决全球性问题需要文化共识。当今世界，人类在诸多领域面临着共同性的严峻全球性问题，如生态环境污染、跨国犯罪集团、重大传染疾病等一系列问题。这些问题不仅是各自领域存在的问题，也是文化层面的问题。为应对这些全球性问题，不仅需要各国自身的努力与建设，更需要世界各国协作一致、达成共识，形成一些基本的全球治理理念，实现共管。例如，善待环境、平等公正、和谐发展等价值理念都可以超越地域和国家的限制，成为全球共识，从而以文化共识引领其他领域问题的解决。新时代文化发展正处于这样一个时代潮流之中，其发展不仅以解决本国的文化问题为着力点，更应当关注世界文化乃至其他领域问题的产生与发展，逐步发展为一种文化标识，成为全球性文化精髓。

三是增进文化交流推动人类命运共同体建设的需要。中国秉持共同繁荣原则，推动全球文化繁荣昌盛发展，推动世界文化朝着共生共荣的方向发展。在全球化背景下，世界文化的一体化进程势不可挡。"各民族文化通过广泛交流、互相融合，不断突破各自的地域而走向全球，不断对外来文化作出评判和取舍。"自近代以来，各国、各民族之间的交流融合已经在深度和广度上都得到了极大的拓展。"在经济交往上，全球商品和服务大流通的同时也是文化的大流通；在科技教育上，科学研究和人才培养日益打破地域限制,各国积极开展交流与合作;在生活方式上,全球化使得各国、各民族的吃、穿、住、行、用带有诸多共同特征;在风俗习惯上,产生于不同文化区的风俗习惯相互交融;在组织制度和价值观念上,各国积极学习借鉴先进的组织制度和管理方法,形成了对一些基本价值观念和国家关系基本准则的认同;特别是得到广泛运用的计算机和互联网技术,成为连接不同国家、地区人们的桥梁和纽带,使全球文化得到了进一步交流、沟通、碰撞和融合。"[①] 全球文化已经有了交流碰撞的基础。在这样的时代背景下,新时代文化也不可避免地成为全球文化的重要组成部分。

---

① 耿超.全球化视野中的中国民族文化发展选择[J].南京政治学院学报,2013(2):52-56。

第三章

新时代文化发展的方法与原则

任何事物的发展都是有规律的。探索新时代文化发展的内在规律，掌握和运用新时代文化建设的科学方法，能够更好地推进中国特色社会主义文化建设与发展。

第一节 新时代文化发展的几个关系

事物自身的发展既离不开外在环境要素的影响，也深受自身内在矛盾变化的影响，是两者综合作用的结果。而规律是客观事物内在要素之间、客观事物相互之间的必然联系，决定着事物发展的方向和趋势。文化发展要顺应其发展的规律。新时代文化要进一步发展，就要深刻认识和正确处理新时代文化发展的几个复杂关系。

一、新时代文化内在要素之间的关系

文化是一个综合体，其包括思想思维、价值观念、道德风尚等要素。文化发展不仅取决于经济政治等因素，也受其内在要素相互作用的影响。不同的文化样态有不同的文化要素，而这些内在要素地位的不同会导致排列的不同，也就构成了特定的文化样态。正如原始部落文明与现代文明的一个很大区别在于，原始部落重视以往遗留下来的风俗习惯，而现代文明更是看重对价值观念的追求，以价值观念改变社会风俗的发展。这就是内在要素所处的地位不同而造成文化样态各异。

中国特色社会主义文化亦是如此，除了中国特色社会主义文化要素本身独特而优秀以外，其中各个要素之间的关系是构成新时代文化发展

前进的重要动力。总的说来,新时代文化内在的各个要素处在不同的地位,且相互影响、相互关联。

马克思主义指导思想处于新时代文化发展的根本地位。新时代文化的指导思想是马克思主义,因此马克思主义指导是文化发展的根本。党的十九大报告明确指出:"发展中国特色社会主义文化,就是以马克思主义为指导。"首先,指导思想规约价值观念。价值取向是由人的需求决定的,但这不是一成不变的,人的需求本身会因为自身、因为外在环境的改变而改变,会受到思想观念的影响,正确的思想指导决定了正确的价值观念。其次,马克思主义指导思想引领中国精神、理想信念等其他文化要素。习近平总书记指出:"指导思想是一个政党的精神旗帜。"[1] 马克思主义指导思想的根本地位体现于它是旗帜、是动力、是基础。对马克思主义的信仰,是中国革命胜利的一种精神动力[2]。对马克思主义的学习,是奠定理想信念的根基。"学懂了这一认识和研究社会历史发展的科学世界观和方法论,我们就能坚定理想的主心骨、筑牢信念的压舱石,保持强大的战略定力。"[3]

社会主义核心价值观处于新时代文化发展的核心地位。价值观念是文化的灵魂,追求富强、民主、文明、和谐等的价值取向构筑了中国人民的坚强、坚毅、勤劳、勇敢等内在精神,逐渐形成了文明向上、与人友善的社会氛围。

其他要素相互依赖、相互依存。例如,文艺作品与其他要素的关系。仅仅讲道理的效果不一定能达到最大化,只有用感性去阐释、去列举感化,理性才能被接受、被内化,所以思想需要文艺去表达。"对文艺来讲,思想和价值观念是灵魂,一切表现形式都是表达一定思想和价值观念的载体。离开了一定思想和价值观念,再丰富多样的表现形式也

---

[1] 习近平. 不忘初心,继续前进 [M] //习近平谈治国理政(第二卷). 北京:外文出版社,2017:33。

[2] 习近平. 努力开创中国特色社会主义事业更加广阔的前景 [M] //习近平谈治国理政(第二卷). 北京:外文出版社,2017:4。

[3] 习近平. 坚持历史唯物主义 不断开辟当代中国马克思主义发展新境界 [J]. 社会主义论坛,2020(2):4-6。

是苍白无力的。"① 社会风尚（风俗习惯）与科学哲学文艺是自在文化与自觉文化的关系。当自发的群体性思想逐渐扩张升华，也会上升为一种自觉文化。如民间智慧，又如每年的年度热词，都不乏思想火花。写作要贴近人民生活，要发现人民思想。

二、新时代文化发展与文化来源的关系

任何新生事物与事件都不能凭空地出现、发生，任何事物与事件的产生都有其历史条件，中国特色社会主义文化亦是如此。党的十九大报告明确指出中华优秀传统文化、革命文化与社会主义先进文化，是新时代文化发展的三大来源。正确把握和处理好与这三种文化的关系，是新时代文化发展的需要。

首先，传统文化、革命文化、先进文化是"根""流""果"的关系。每一种形态文化的内容、主流思想、时代精神当然有所差异，因其是由各自所在时代的社会经济与政治所决定的，但都具有一定的历史客观性与内容合理性。因而，随着时代的变迁与社会的变化，传统文化之"古"更替为革命文化之"新"，并进而演化为先进文化之"今"，不能割裂历史与现代的关系。第一，传统文化是新时代文化之"根"。习近平总书记指明了传统文化的地位——是民族基因，作为民族基因，传统文化已经融入了中国人民的血肉之中，会"潜移默化影响着中国人的思想方式和行为方式"②。进行分而述之。首先，传统文化是核心价值观的根。习近平总书记指出："牢固的核心价值观，都有其固有的根本。抛弃传统、丢掉根本，就等于割断了自己的精神命脉。"③ 其次，传统文化是文化自信的基础，可以激发和彰显文化自信。最后，传统文化积淀着精神追求。"中华文化源远流长，积淀着中华民族最深层的精神追求，代表着中华民族独特的精神标识，为中华民族生生不息、发展壮大提供

---

① 习近平. 要有高度的文化自信［M］//习近平谈治国理政（第二卷）. 北京：外文出版社，2017：351。
② 习近平. 青年要自觉践行社会主义核心价值观［M］//习近平谈治国理政（第一卷）. 北京：外文出版社，2014：170。
③ 习近平. 培育和弘扬社会主义核心价值观［M］//习近平谈治国理政（第一卷）. 北京：外文出版社，2014：164。

了丰厚滋养。"① 第二，革命文化是新时代文化之"流"。从现实意义上描述，革命文化是由中国共产党和党所领导的中国人民这个创造主体，在100年的伟大斗争这个创造基础上发展起来的。党领导中国人民所进行的革命创造了新中国，创造了中国的新经济、新政治和新文化。习近平总书记指出革命文化在讲好红色故事、传承红色基因方面发挥了积极作用。第三，先进文化是新时代文化之"果"。

其次，中华优秀传统文化与革命文化、社会主义先进文化虽然是古今之间的关系，但具有共通的内容。这个共通之处表现在历史和现实两个方面：从历史看，这三种文化形态作为中国文化不同历史阶段的产物，都积淀着中华民族最深层的精神追求，代表着中华民族独特的精神标帜，一脉相承而源远流长。从现实看，这三种文化形态对于推动中国特色社会主义文化繁荣兴盛都有着重要意义，中华优秀传统文化是中国特色社会主义文化的重要来源，而党领导中国人民创造的革命文化和社会主义先进文化则是中国特色社会主义文化的主体。没有这个来源，中国特色社会主义文化就会失去丰厚的资源、缺乏养料的滋润；没有这个主体，中国特色社会主义文化就不能作为社会主义先进文化站立起来、发展壮大。因此，不论从历史看，还是从现实看，这三种文化形态实是相通的。

再次，中华优秀传统文化、革命文化、社会主义先进文化是中华文化由古向今的发展。去搞厚"古"薄"今"、以"古"非"今"，由"今"返"古"都是不可取的，是违背人民意愿的，也是违背历史发展的。习近平总书记在庆祝中国共产党成立95周年大会上的讲话中指出，在5000多年文明发展中孕育的中华优秀传统文化，在党和人民伟大斗争中孕育的革命文化和社会主义先进文化，积淀着中华民族最深层的精神追求，代表着中华民族独特的精神标帜。习近平总书记强调积极倡导和发掘中华传统文化的优秀资源、大力阐发和高扬革命文化与社会主义先进文化，以繁荣促进中国特色社会主义文化发展。以家风建设为例，习近平总书记肯定古代家风理念、以革命家风促进现代家风建设。他

---

① 习近平. 培育和弘扬社会主义核心价值观［M］//习近平谈治国理政（第一卷）. 北京：外文出版社，2014：164。

说："诸葛亮诫子格言、颜氏家训、朱子家训等,都是在倡导一种家风。"① 他赞赏中国共产党人在革命、建设和改革中所培育的革命家风,指出:"中国人历来讲求精忠报国,革命战争年代母亲教儿打东洋、妻子送郎上战场,社会主义建设时期先大家后小家、为大家舍小家,都体现着向上的家庭追求,体现着高尚的家国情怀。"② "毛泽东、周恩来、朱德同志等老一辈革命家都高度重视家风。我看了很多革命烈士留给子女的遗言,谆谆嘱托,殷殷希望,十分感人。"③ 习近平总书记号召党的各级领导干部"向焦裕禄、谷文昌、杨善洲等同志学习,做家风建设的表率,把修身、齐家落到实处"④。

三、新时代文化发展与社会的人的关系

文化从生成到发展到发扬,都需要以现实的、社会的人为其主体。从唯物史观的视角出发,社会的、具体的人是文化发展的前提、主体与目的,文化又指导人的实践、促进人的发展。因此,厘清文化发展与人的关系,构成了理解文化在当代中国及未来发展的一个重要线索。

首先,人民创造文化。人民是文化发展的前提与创造的主体。人民是历史的创造者⑤,是人民"培育了历久弥新的优秀文化"⑥。人是地球上唯一拥有劳动能力的主体,通过劳动人能够不断满足自身的文化需求。因而,人是文化发展的主体,人民是建设新时代文化的根本力量。人民可以积极洞见文化自身存在的缺陷与不足并加以褒优贬劣、激浊扬清,科学把握文化发展的正确方向、全面推进文化发展。资本主义文化

---

① 习近平. 注重家庭, 注重家教, 注重家风 [M] //习近平谈治国理政(第二卷). 北京: 外文出版社, 2017: 355。
② 习近平. 注重家庭, 注重家教, 注重家风 [M] //习近平谈治国理政(第二卷). 北京: 外文出版社, 2017: 354。
③ 习近平. 注重家庭, 注重家教, 注重家风 [M] //习近平谈治国理政(第二卷). 北京: 外文出版社, 2017: 355。
④ 习近平. 注重家庭, 注重家教, 注重家风 [M] //习近平谈治国理政(第二卷). 北京: 外文出版社, 2017: 356。
⑤ 习近平. 人民对美好生活的向往, 就是我们的奋斗目标 [M] //习近平谈治国理政(第一卷). 北京: 外文出版社, 2014: 5。
⑥ 习近平. 人民对美好生活的向往, 就是我们的奋斗目标 [M] //习近平谈治国理政(第一卷). 北京: 外文出版社, 2014: 4。

是按照资产阶级的面貌而创造的，是资产阶级利益在文化思想方面的表现；社会主义文化的主体则是人民大众。

其次，文化服务人民。作为创造文化的主体，反过来人民也是享受文化与评价文化的主体。一句话，文化为人民服务。文化通过指导人民的实践活动、满足人民的精神需求来服务于人民。"先进文化与生产力中的最活跃的人的因素一旦结合，劳动力素质会得到极大的提高，劳动对象的广度和深度会得到极大的拓展，人类改造自然、取得财富的能力与数量会呈几何级数增加。……一定社会的文化环境，对生活其中的人们产生着同化作用。要化解人与自然、人与人、人与社会的各种矛盾，必须依靠文化的熏陶、教化、激励作用，发挥先进文化的凝聚、润滑、整合作用"[①]。通过文化的作用，人类社会的各种难题最终会被化解、解决。

再次，文化发展与人本质的实现具有内在的一致性。文化发展与人是同一个过程。文化发展的最终目的是服务人类、促进人类进步。而人类最终的进步就是人自由全面地解放。马克思主义认为，人是社会发展的起点，是历史发展的前提，并且社会主义和共产主义的最终目的是培育"全面而自由的人"。所以文化发展应当关注与满足现实个人的需要。在关注与满足现实个人需要的基础之上，文化致力于促进人的自由全面发展。文化发展的目的指向是个体的自由自觉和全面发展。人民是文化发展的目的。因为主体文化是一种呈现和张扬人的自由精神的文化。

四、新时代文化发展与物质条件的关系

第一，文化发展需要物质载体。无形的精神文化内容必须要有物质载体或外在形式来表现自身。精神文化是以观念意识的形式存在，存在于人们的头脑之中。人们无法直接获知他人的意识观念，只能通过言语、行为、文字来认识他人的思想。精神文化的对象化是其历史传递的基本条件，这种客观化要求一定的符号系统，如语言、文字。而文字出自语言，语言出自思想。因此，精神文化也包括思想通过语言文字所表

---

① 习近平. 之江新语 [M]. 杭州：浙江人民出版社，2007：149。

达的东西，也就是思想、心智、精神、心理、意识和观念（六者是同一概念）所改变、产生或创造的东西。这就说明精神文化不是与人类的物质活动无关的纯粹精神现象。恰恰相反，精神文化的目的在于物质活动，精神文化包括以物质形式体现的精神成果，因此将它等同于纯粹精神是失之偏颇的。精神文化的范畴必须与其所附着的社会实体、组织结构、行为方式、语言文字等联系考察。

第二，文化发展与科学技术相互渗透。文化与技术的结合有着久远的历史。中国的《考工记》《天工开物》等，都阐述了技术与文化的关系。18世纪西方的德索尔、雅克·埃吕尔等都在技术哲学领域展开了关于技术与文化关系的讨论[1]。辩证文化与技术既是各自独立的，又是互相渗透的。一方面，技术进步促进文化发展。现代技术从文化的生产、流通、消费全过程全方位地便捷了文化的存储、加速文化的传播。正如马克思所言："印刷术变成了新教的工具，总的说来变成科学复兴的手段，变成对精神发展创造必要前提的强大杠杆。"[2] 另一方面，文化发展推动技术进步。文化渗透到技术领域，使得技术的知识含量增加、文化意义凸显。技术也日益变为"文化中活生生的一部分"[3]，技术展现的过程与结果构成文化的本质。习近平总书记指出："文化和科技融合，既催生了新的文化业态、延伸了文化产业链，又集聚了大量创新人才，是朝阳产业，大有前途。"[4]

第三，文化发展随着现代网络的发展传播速度愈发迅速、传播范围愈发广泛。随着世界多极化、经济全球化、文化多样化、社会信息化深入发展，互联网对人类文明进步将发挥更大促进作用[5]。互联网会对亿万网民的求知途径、思维方式、价值观念产生重要影响，特别是会让他

---

[1] 邹广文，徐庆文. 全球化与中国文化产业发展 [M]. 北京：中央编译出版社，2006：15。
[2] 马克思，恩格斯. 马克思恩格斯全集（第47卷）[M]. 北京：人民出版社，1982：427。
[3] 李克特. 科学是一种文化过程 [M]. 顾昕，张小天，译，上海：三联书店，1985：53。
[4] 新华社. 习近平在湖南考察时强调 在推动高质量发展上闯出新路子 谱写新时代中国特色社会主义湖南新篇章 [J]. 台声，2020（19）：9。
[5] 习近平. 建立多边、民主、透明的全球互联网治理体系 [M]//习近平谈治国理政（第二卷）. 北京：外文出版社，2017：532。

们对国家、社会、工作、人生的看法产生重要影响①。网络空间是亿万民众共同的精神家园②。要形成良好的网上舆论氛围，不是说只能有一个声音、一个调子，而是说不能搬弄是非、颠倒黑白、造谣生事、违法犯罪，不能超越了宪法法律界限③。要打造网上文化交流共享平台，促进交流互鉴④。要加快推动媒体融合发展。当今世界，信息技术革命对文化等产生深刻影响，网络改变人们生产生活方式。我国成为网络大国，文化既可以通过网络的进步而繁荣，也可以随着网络的发展而颓败，关键在于我们如何去把控。

五、新时代文化发展与社会进步的关系

文化发展与社会进步总体上是一致的，文化的发展是促进社会全面进步的重要方面，社会的进步也必然会带动文化的发展。但文化的变化、发展最终应当从生产方式和交换方式的变更中去寻找。正如恩格斯所说："一切社会变迁和政治变革的终极原因，不应当到人们的头脑中，到人们对永恒的真理和正义的日益增进的认识中去寻找，而应当到生产方式和交换方式的变更中去寻找。"⑤ 马克思主义唯物史观认为，一定形态的政治和经济是首先决定一定形态文化的，然后，那一定形态的文化影响和作用于一定形态的政治和经济。毛泽东曾指出，马克思主义历史唯物论的这一基本观点"是自有人类历史以来第一次正确地解决意识和存在关系问题的科学的规定，而为后来列宁所深刻地发挥了的能动的革命的反映论之基本的观点。我们讨论中国文化问题，不能忘记这个基本观点"⑥。经济是制约文化发展的最终根源，对文化的发展起着决定和推

---

① 习近平．建设网络良好生态，发挥网络引导舆论、反映民意的作用［M］//习近平谈治国理政（第二卷）．北京：外文出版社，2017：335。

② 习近平．建设网络良好生态，发挥网络引导舆论、反映民意的作用［M］//习近平谈治国理政（第二卷）．北京：外文出版社，2017：336。

③ 习近平．建设网络良好生态，发挥网络引导舆论、反映民意的作用［M］//习近平谈治国理政（第二卷）．北京：外文出版社，2017：337。

④ 习近平．建立多边、民主、透明的全球互联网治理体系［M］//习近平谈治国理政（第二卷）．北京：外文出版社，2017：534。

⑤ 恩格斯．社会主义从空想到科学的发展［M］//马克思恩格斯文集（第3卷）．北京：人民出版社，2009：547。

⑥ 毛泽东．毛泽东选集（第二卷）［M］．北京：人民出版社，1991：664。

动作用，一切文化的发展归根结底取决于生产力水平的提高。什么样的经济产生什么样态的文化，反之，一定样态的文化服务于一定的经济。因而，新时代文化是反作用于中国特色社会主义经济的，对中国经济发展具有促进作用。而要发展新时代文化、推动社会进步，消除中华民族与其他民族之间存在的所谓的"文化上的不平等"，关键在于提高经济实力。文化与政治同属于上层建筑的范畴。一定的社会文化是为一定的政治服务的（文化是为统治阶级服务的），政治（统治阶级）又通过社会舆论引导文化的方向，通过国家机器规范文化的走向，二者是不可分割的。二者又紧密相连，相互作用。中国古代王朝的儒家文化是为了封建统治而服务。而新时代文化则是服务于中国特色社会主义政治，推动社会主义社会的发展前进。所以，文化发展与经济、政治息息相关。文化与经济、政治一起共同推进社会全面进步。

第二节 推进新时代文化发展的思想方法

思维方法是人类认识世界的中介系统，是保证思维活动正确运行的规则、路线和手段①。思维方法的认识与运用历来受到许多大家的重视，爱因斯坦就认为新方法的产生往往会导致一门新的科学诞生。马克思和恩格斯更是关注方法，认为唯物辩证法的意义不逊于唯物主义基本观点这一成果。"一个民族想要站在科学的最高峰，就一刻也不能没有理论思维。"② 发展新时代文化，也必须把思想方法搞对头，坚持经济基础与上层建筑矛盾运动的历史观念，继承与创新辩证相统一的辩证法，坚持实事求是，坚持问题导向。

一、坚持经济基础和上层建筑矛盾运动的历史观念

新时代文化发展要坚持马克思主义的唯物史观。离开马克思主义的

---

① 肖前. 马克思主义哲学原理 [M]. 北京：中国人民大学出版社，1994：423。
② 习近平. 坚持历史唯物主义 不断开辟当代中国马克思主义发展新境界 [J]. 社会主义论坛，2020（2）：6。

历史观,就不可能看到文化存在、变动、发展的基础与动力。

1883年,恩格斯《在马克思墓前的讲话》中说:"正像达尔文发现有机界的发展规律一样,马克思发现了人类历史的发展规律,即历来为繁芜丛杂的意识形态所掩盖着的一个简单事实:人们首先必须吃、喝、住、穿,然后才能从事政治、科学、艺术、宗教等;所以,直接的物质的生活资料的生产,从而一个民族或一个时代的一定的经济发展阶段,便构成基础,人们的国家设施、法的观点、艺术以至宗教观念,就是从这个基础上发展起来的,因而,也必须由这个基础来解释,而不是像过去那样做得相反。"[1] 历史唯物主义认为,物质生产力是全部社会生活的物质前提,同生产力发展一定阶段相适应的生产关系的总和构成社会经济基础。生产力和生产关系、经济基础和上层建筑相互作用、相互制约,支配着整个社会发展进程。发展新时代文化,必须不断适应社会生产力发展调整生产关系,不断适应经济基础发展完善上层建筑。习近平总书记反复强调:"要树立正确历史观、大局观、角色观。所谓正确历史观,就是不仅要看现在国际形势什么样,而且要端起历史望远镜回顾过去、总结历史规律,展望未来、把握历史前进大势。"[2] 我们党现阶段提出和实施的理论和路线方针政策,之所以正确,就是因为它们都是以我国现时代的社会存在为基础的,是从我国现在的社会存在出发的,即从我国现在的社会物质条件的总和出发的,也就是从我国基本国情和发展要求出发的。

坚持正确的历史观念如何能够发展新时代文化?因为正确的历史观念反映了历史的发展规律,只有认清过去文化发展历程,才能科学指明未来文化发展走向。未来文化历史的创造必须以过去文化历史为材料。历史和现实告诉我们,"只有回看走过的路、比较别人的路、远眺前行的路,弄清楚我们从哪儿来、往哪儿去,很多问题才能看得深、把得

---

[1] 恩格斯. 在马克思墓前的讲话 [M] //马克思恩格斯文集(第3卷). 北京:人民出版社,2009:601。

[2] 习近平. 努力开创中国特色社会主义外交新局面 [M] //习近平谈治国理政(第三卷). 北京:外文出版社,2020:427。

准"①。农业文明条件下的传统社会机制服从于自然原则,起支配作用的是宗法血缘关系,基本上靠人情关系和自然血缘关系维系。在这种条件下,等级制、世袭制等自然原则把每一人束缚到他与生俱来的地位和位置,严重抑制了个人的创造力和社会发展的内在动力。工业革命根本地改变了这一切,马克思和恩格斯指出:"生产的不断变革,一切社会状况不停地动荡,永远的不安定和变动,这就是资产阶级时代不同于过去一切时代的地方。一切固定的僵化的关系以及与之相适应的素被尊崇的观念和见解都被消除了,一切新形成的关系等不到固定下来就陈旧了。一切等级的和固定的东西都烟消云散了,一切神圣的东西都被亵渎了。人们终于不得不用冷静的眼光来看他们的生活地位、他们的相互关系。"②工业文明条件下的现代社会服从于理性主义的文化精神和基本原则,理性、法制、契约、平等成为现代社会的本质性原则和机理。现代社会的合理性或合法性开始建立在人实践活动的自由本性和超越本性之上。因此它为每一个体的自由和创造性的发挥提供了前所未有的空间。习近平总书记指出,人类可以认识、顺应、运用历史规律,但无法阻止历史规律发生作用。历史规律是客观的,所以我们必须要深刻认识历史规律,在此基础上加以运用。

以正确历史观念发展文化,首先,要认清文化发展的经济根源。坚持经济基础与上层建筑关系的历史观念。经济基础和上层建筑之间有着十分复杂的关系,有着作用和反作用的现实过程,并不是单线式的简单决定和被决定逻辑③。新时代文化建设要遵循文化发展的规律,要在肯定经济对文化的决定作用的基础上,重视文化的相对独立性。一方面,经济基础决定文化发展。推动经济的进步,加强文化基础设施建设,是推进精神生产和文化发展的前提条件。另一方面,文化具有相对独立性。经济生活从根本上制约一切文化现象,但文化作为人类创造精神的

---

① 习近平. 继续进行具有许多新的历史特点的伟大斗争[M]//习近平谈治国理政(第三卷). 北京: 外文出版社, 2020: 70。
② 马克思, 恩格斯. 共产党宣言[M]//马克思恩格斯文集(第2卷). 北京: 人民出版社, 2009: 34-35。
③ 习近平. 坚持历史唯物主义 不断开辟当代中国马克思主义发展新境界[J]. 社会主义论坛, 2020(2): 4-6。

体现具有相对超越性。马克思在揭示资本主义生产的异化特征时指出：资本主义生产同艺术和诗歌是敌对的。这里的意思是，资本主义生产是以利润为目的的，商品拜物教是其信仰方式，而艺术是人的本质力量的对象化，具有审美自由的特征，一个是物欲主义，一个是人文精神，所以二者是对立的。当马克思把艺术的商品化看成是资本主义生产的结果时，他强调的是经济对文化的制约作用；当他抨击这种现象，主张艺术的审美自由时，他实际上肯定了文化的相对独立性。因此，新时代文化发展，坚持物质文明与精神文明两手抓。一方面，文化的繁荣和发展必须建立在一定的物质基础之上。新时代日益增长的生产力水平为文化发展提供了物质基础。恩格斯曾指出由于有了资产阶级，德国人或马扎尔人便掌握了工业，掌握了资本，德国的文化也发展起来了。马克思在《1861—1863年经济学手稿》中指出，被资本家占为己有的剩余劳动"一方面是社会的自由时间的基础，从而另一方面是整个社会发展和全部文化的物质基础。正是因为资本强迫社会的相当一部分人从事这种超过他们的直接需要的劳动，所以资本创造文化，执行一定的历史的社会的职能"①。马克思、恩格斯认为，生产力发展不仅能为文化的发展提供物质条件，而且将在人类历史上破天荒地创造了这样的一种可能性，即在全体社会成员实行合理分工的条件下，物质生产不仅可以满足所有社会成员的消费需求，而且还能提供充足的储备。这将使每个社会成员都有充分的闲暇时间，去获取人类文化（哲学、文学、艺术和科学等）中真正具有价值的东西，而且不仅是简单地获得，还将把这些本从属于统治阶级的文化变成全体社会成员共同的精神财富，并加以进一步发展。可见，社会生产力的进步，将促进文化的发展并扩大社会成员获取文化的机会与权利。另一方面，文化的发展又对物质生产的发展具有重要的促进作用。在文化的发展过程中，文化成果的不断积累，民族文化创造力的不断提升，将为物质生产的发展提供精神动力和智力支持。因此，必须坚持物质文明和精神文明"两手抓、两手都要硬"，从而实现精神文化和物质生产的相互促进、协同发展。

---

① 马克思.1861—1863年经济学手稿[M]//马克思恩格斯全集（第47卷）.北京：人民出版社，1982：257。

其次,坚持文化发展与政治体制之间的辩证关系。文化发展要有与之相适应的政治体制。恩格斯在1883年《共产党宣言》德文版序言中指出,每一个时代的经济生产必然由此产生的社会结构,是该时代政治和精神的历史的基础①。我国的意识形态建设、公民文化素养培育、社会文明程度提高,根本上来说是由于生产力的发展为文化发展提供物质财富和动力源泉;政治体制的改革与完善,也促进了新时代文化繁荣发展。

二、辩证思想

新时代文化发展要坚持辩证思维。辩证思维是运用辩证唯物主义的世界观和方法论观察事物、分析矛盾、解决问题的思维。这种思维要求客观地而不是主观地、发展地而不是静止地、全面地而不是片面地、系统地而不是零散地、普遍联系地而不是单一孤立地认识问题、处理关系。马克思在《〈资本论〉第一卷第二版跋》中指明了辩证思维的本质和特征:"辩证法不崇拜任何东西,按其本质来说,它是批判的和革命的。"②毛泽东在《中国革命战争的战略问题》一文中将唯物辩证法形象地称为我们认识世界的"望远镜"和"显微镜"③。习近平总书记也要求广大党员干部"学习掌握唯物辩证法的根本方法,不断增强辩证思维能力,提高驾驭复杂局面、处理复杂问题的本领"④。"我们看问题,要坚持辩证法,一分为二。"⑤ 2020年,习近平总书记在经济社会领域专家座谈会上的讲话中他指出,要以辩证思维看待新发展阶段的新机遇新挑战。善用辩证思维把握革命、建设和改革过程中各项事业的复杂关系,统筹谋划国家经济社会发展各项工作的开展,增强各项事业和工作

---

① 马克思,恩格斯.共产党宣言[M]//马克思恩格斯文集(第2卷).北京:人民出版社,2009:9。

② 马克思.《资本论》第一卷第二版跋[M]//马克思恩格斯文集(第5卷).北京:人民出版社,2009:22。

③ 毛泽东.毛泽东选集(第一卷)[M].北京:人民出版社,1991:212。

④ 习近平.辩证唯物主义是中国共产党人的世界观和方法论[J].思想政治工作研究,2019(2):11。

⑤ 习近平.对新常态怎么看,新常态怎么干[M]//习近平谈治国理政(第三卷).北京:外文出版社,2017:240。

的原则性、系统性、预见性、创造性，是中国共产党在长期革命实践和治国理政中形成的重要思想方法和宝贵经验。

要用辩证思想坚持文化发展。一方面，坚持文化继承与文化创新相统一。习近平总书记在纪念孔子诞辰2565周年国际学术研讨会暨国际儒学联合会第五届会员大会开幕式上的讲话中指出，不忘历史才能开辟未来，善于继承才能善于创新。文化发展要基于传统。新时代文化发展要继承传统文化。文化继承是文化发展创新的基础。传统文化具有继承价值，这是由中华文化的连续性与丰富性所决定的。数千年的华夏文明绵延至今，使得中华文化在发展过程中日益丰厚。"中国优秀传统文化的丰富哲学思想、人文精神、教化思想、道德理念等，可以为人们认识和改造世界提供有益启迪，可以为治国理政提供有益启示，也可以为道德建设提供有益启发。"[①] "我们要善于把弘扬传统文化和发展现实文化有机统一起来，紧密结合起来，在继承中发展，在发展中继承。"[②] 继承传统并不意味着毫无保留地兼收并蓄，而是要"取其精华、去其糟粕"。要批判和舍弃传统文化中糟粕的、消极的东西，吸收、借鉴传统文化中优秀的、精华的、适用于当下时代的内容。正如习近平总书记所说："对历史文化特别是先人传承下来的价值理念和道德规范，要坚持古为今用、推陈出新，有鉴别地加以对待，有扬弃地予以继承，努力用中华民族创造的一切精神财富来以文化人、以文育人。"[③] 对于有关学科的建设问题，习近平总书记指出："还有一些学科事关文化传承的问题，如甲骨文等古文学研究等，要重视这些学科，确保有人做、有传承。"[④] "要系统梳理传统文化资源，让收藏在禁宫里的文物、陈列在广阔大地

---

① 习近平. 习近平在纪念孔子诞辰2565周年国际学术研讨会暨国际儒学联合会第五届会员大会开幕式上的讲话 [N]. 人民日报, 2014-9-24（2）。
② 习近平. 习近平在纪念孔子诞辰2565周年国际学术研讨会暨国际儒学联合会第五届会员大会开幕式上的讲话 [N]. 人民日报, 2014-9-24（2）。
③ 习近平. 培育和弘扬社会主义核心价值观 [M]//习近平谈治国理政（第一卷）. 北京：外文出版社，2014：164。
④ 习近平. 加快构建中国特色哲学社会科学 [M]//习近平谈治国理政（第二卷）. 北京：外文出版社，2017：345。

上的遗产、书写在古籍里的文字都活起来。"① 文化发展要与时俱进。文化不是永恒不变的，而是随着时代的变化而变化的。"一个时代有一个时代的文艺，一个时代有一个时代的精神。"② "古今中外，文艺无不遵循这样一条规律：因时而兴，乘势而变，随时代而行，与时代同频共振。"② 文化发展需要与时俱进，跟上时代的步伐。

另一方面，坚持文化独立与文化开放相统一。文化发展要坚定文化自信，坚持文化独立自主与吸收外来相统一。中华文化的发展有着内在的发展理路与脉络，是伴随着中国社会历史运行的内在机理而不断有新元素的生成、转化和部分内容消逝的演进过程。审视其发展进程，外部文化资源的引入是不容忽视的重要因素，因为正是外来的思想文化资源弥补了中华文化的缺陷与短板，使中华文化能够呈现出无与伦比的优势。所以新时代文化发展要吸收外来文化资源，使得外来优质文化资源成为中华文化的一部分。中华文化自身所特有的开放性和包容性决定了新时代文化能够吸收丰富的外在文化资源。异域文化资源引入并不是一种简单的拿来主义，而是经过深刻碰撞与交流之后相互影响、彼此深嵌，并在这个过程中将外来的优质资源纳入传统文化体系当中。

三、实事求是

新时代文化发展要坚持实事求是的思想方法。毛泽东指出："'实事'就是客观存在着的一切事物，'是'就是客观事物的内部联系，即规律性，'求'就是我们去研究。"③ 我们改造世界要从现实存在着的客观事实出发，以现实情况为依据，去研究各现象间的内在联系，以找出本质和根源性所在。唯有如此，才能"有的放矢"，运用恰当的方法论解决我们所面临的问题。习近平总书记强调指出："实事求是，是马克思主义的根本观点，是中国共产党人认识世界、改造世界的根本要求，

---

① 习近平. 提高国家文化软实力 [M] //习近平谈治国理政（第一卷）. 北京：外文出版社，2014：161。
② 习近平. 要有高度的文化自信 [M] //习近平谈治国理政（第二卷）. 北京：外文出版社，2017：350。
③ 毛泽东. 毛泽东选集（第三卷）[M]. 北京：人民出版社，1991：801。

是我们党的基本思想方法、工作方法、领导方法。"[①] 中国革命、建设、改革的历史反复证明，只有制定符合实际的政策措施，采取符合实际的工作方法，党和人民事业才能取得胜利。只有实事求是才能真正看到文化发展现状，才能找出文化发展中所存在的问题，才能真正去面对文化发展问题，解决这些问题。在认识世界和改造世界的过程中，旧的问题解决了，新的问题又会产生[②]。例如，文化发展中的文化安全问题，文化传承问题，网络文化问题，等等。面对新问题的出现，就不能逃避与否认，必须直面，实事求是地分析与解决。思想不解放，我们就很难看清各种利益固化的症结所在，很难找准突破的方向和着力点，很难拿出创造性的改革措施[③]。正如习近平总书记所强调的："实事求是，是邓小平同志一生最重要的思想特点，也永远是中国共产党人应该遵循的思想方法。"[④] "事实是真理的依据，实干是成就事业的必由之路。这也是'空谈误国、实干兴邦'的真谛。"[⑤]

四、问题意识

新时代文化发展需要运用问题意识这种思想方法。问题意识是坚持以问题为发展文化的导向，厘清新时代文化发展的具体问题，在发现问题、正视问题的基础之上深入研究问题、分析解决问题。正如习近平总书记所说："对每一问题要根据详细材料加以具体的分析，然后引出理论性的结论来。"[⑥] 要坚持具体问题具体分析，"入山问樵、入水问渔"，一切以时间、地点、条件为转移，善于进行交换、比较、反复，善于把

---

① 习近平. 坚持和运用好毛泽东思想活的灵魂 [M] //习近平谈治国理政（第一卷）. 北京：外文出版社，2014：25。
② 习近平. 关于《中共中央关于全面深化改革若干重大问题的决定》的说明 [M] //习近平谈治国理政（第二卷）. 北京：外文出版社，2014：74。
③ 习近平. 关于《中共中央关于全面深化改革若干重大问题的决定》的说明 [M] //习近平谈治国理政（第二卷）. 北京：外文出版社，2014：87。
④ 习近平. 努力开创中国特色社会主义事业更加广阔的前景 [M] //习近平谈治国理政（第二卷）. 北京：外文出版社，2017：6。
⑤ 习近平. 努力开创中国特色社会主义事业更加广阔的前景 [M] //习近平谈治国理政（第二卷）. 北京：外文出版社，2017：7。
⑥ 习近平. 坚持历史唯物主义 不断开辟当代中国马克思主义发展新境界 [J]. 社会主义论坛，2020（2）：4-6。

握工作的时效①。文化发展要坚持问题导向，而不是"胡子眉毛一把抓"。

那么坚持问题导向何以能够促使文化发展？因为问题是理论与现实之间的矛盾、理论与理论之间的矛盾以及理论内部间矛盾的外显表达。人类认识世界和改造世界的过程就是发现问题、解决问题的过程。理论研究是人类探索世界的智慧产物。理论研究的过程也就是发现问题、筛选问题、研究问题、解决问题的过程。主要的困难不是答案，而是问题。因而，新时代文化当然要坚持带着问题意识来看发展。问题是时代的声音，每个时代总有属于它自己的问题。问题是时代的格言，是表现时代自己内心状态的最实际的呼声。文化发展进入新时代，只有树立强烈的问题意识，才能实事求是地对待问题，才能找到引领时代进步的路标。一个时代有一个时代的问题，一代人有一代人的使命②。新时代文化发展于新时代，也就有其独特的新问题，问题促使每一时代中的人去思考去解决问题。把握住了新时代文化发展的问题，也就摸清了新时代文化发展的正确道路。通过不断解决现实问题，才能把实践中的智慧上升到理论高度，变成理论创新，再进一步指导实践。习近平总书记在哲学社会科学工作座谈会上的讲话中强调指出："坚持问题导向是马克思主义的鲜明特点。问题是创新的起点，也是创新的动力源。只有聆听时代的声音，回应时代的呼唤，认真研究解决重大而紧迫的问题，才能真正把握历史脉络、找到发展规律，推动理论创新。"③ 这是解决文化发展问题的时代之需。文化发展就要不断分析具体问题、解决具体问题。随着全面改革的不断深化、推进，新时代文化的发展也进入了攻坚期、关键期，涌现出许多新问题、新矛盾。要推动文化发展，就要自觉地面对这些问题，在提出问题与回答问题中深化、推进文化发展。所以，用现实问题研究带动文化基础理论研究，不失为一条重要的研究进路。只有始终树立问题意识、坚持问题导向，科学分析问题、深入研究问题、弄

---

① 习近平. 把新发展理念落到实处 [M] //习近平谈治国理政（第二卷）. 北京：外文出版社，2017：221。
② 习近平. 中国开放的大门只会越开越大 [M] //习近平谈治国理政（第三卷）. 北京：外文出版社，2020：193。
③ 习近平. 在哲学社会科学工作座谈会上的讲话 [N]. 人民日报，2016-5-19（2）。

清问题性质、找到症结所在，才能不断有效破解前进中的各种难题，才能开创新时代党和国家事业发展新局面。在认识世界与改造世界过程中，新问题总是会不断地产生，所以要具有前瞻性眼光，带有问题意识地预见文化发展可能出现的问题。

如何保持文化发展的问题意识？问题意识不仅仅在于问题的提出，还包括进一步分析问题、解决问题。离开问题的回应与解决，理论研究也就成了无的放矢、经验之谈。问题意识是提出问题、探讨问题与解决问题的有机结合。首先，坚持问题导向要善于发现问题，强化提出问题的能力。问题无处不在、无时不有，坚持问题导向关键在于加强问题研究、善于发现问题。正如维纳所说："只要我们没有提出正确的问题，那么我们就永远也不会获得对问题的正确答案。"[1] 然而提出问题并不是一件简单的事情，必须要有批判性的思维和眼光，善于用敏锐的眼光从审查、检视中发现问题的存在并能准确地提炼问题。新时代文化面对纷繁复杂的国内外形势，要在国际国内相联系中发现问题，在理论实践相联系中发现问题，在总结经验教训中发现问题。结合每个阶段每个地区的实际，深入思考并及时发现文化发展进程中的新情况、新苗头，由此全面把握矛盾，掌握解决问题的主动。其次，坚持问题导向要在发现问题的基础上科学分析问题、深入研究问题。发现问题是前提，能不能正确分析问题更见功力。习近平总书记强调要学习掌握事物矛盾运动的基本原理，不断强化问题意识，积极面对和化解前进中遇到的矛盾。坚持用辩证唯物主义和历史唯物主义方法，善于具体问题具体分析，弄清楚文化发展中存在着哪些问题，主要矛盾、矛盾的主要方面有哪些，要善于透过文化现象看文化本质，从繁杂问题中把握事物的规律性，从苗头问题中发现事物的倾向性，从偶然问题中揭示事物的必然性，进而明确有效破解问题的主攻方向，带动全局工作，推进事业全面发展。最后，坚持问题导向要敢于触及矛盾、善于解决问题。增强问题意识，既要见思想，更要见行动，需要我们以解决问题为工作导向，瞄着问题去，追着问题走。对照发展的新形势、新情况，对照人民的新期待、新希冀，

---

[1] 诺伯特·维纳. 维纳著作选 [M]. 钟韧, 译. 上海: 上海译文出版社, 1978: 175。

第三章　新时代文化发展的方法与原则

抓紧解决问题，把矛盾化解、难题破解落到实处。

第三节　推进新时代文化发展的基本原则

发展新时代文化要坚持马克思主义指导、坚持党的领导、坚定文化自信、坚持"二为"方向和"双百"方针、坚持社会效益与经济效益统一、坚持民族性与世界性相统一的文化发展指导原则。这六大基本原则从不同侧面、各个角度共同指导新时代的文化建设。

一、坚持马克思主义的指导地位

党的十九大报告指出，发展中国特色社会主义文化，就要以马克思主义为指导，将马克思主义指导置于发展文化的根本地位，坚持一切精神文化领域中的马克思主义指导地位不动摇。"在人类思想史上，就科学性、真理性、影响力、传播面而言，没有一种思想理论能达到马克思主义的高度，也没有一种学说能像马克思主义那样对世界产生了如此巨大的影响。这体现了马克思主义的巨大真理威力和强大生命力，表明马克思主义对人类认识世界、改造世界、推动社会进步仍然具有不可替代的作用。"[1]

马克思主义是关于自然界和人类社会历史发展的普遍规律的科学，为文化发展提供正确的理论指导。若背弃马克思主义，就会使文化发展失去方向。"马克思主义就是我们党和人民事业不断发展的参天大树之根本，就是我们党和人民不断奋进的万里长河之源泉。背离或放弃马克思主义，我们党就会失去灵魂、迷失方向。"[2] 马克思主义科学的世界观和方法论能够科学地观察和解释文化发展的新变化、科学地总结文化发展的新成果、科学地揭示文化发展的新规律。其次，马克

---

[1] 习近平. 继续推进马克思主义中国化时代化大众化 [M] //习近平谈治国理政（第二卷）. 北京：外文出版社，2017：65。
[2] 习近平. 继续推进马克思主义中国化时代化大众化 [M] //习近平谈治国理政（第二卷）. 北京：外文出版社，2017：66。

思主义具有真理性且与时俱进的内容决定了马克思主义在文化发展中的地位。习近平总书记指出意识形态工作地位的极端重要。"意识形态决定文化前进方向和发展道路。"① 意识形态领导权从国家层面对文化发展秩序和发展方向进行定向和维护，确保国家共同体成员在思想观念领域朝着正确方向发展。掌握意识形态领导权就能够使全体党员和民众在理想信念、价值观念和道德伦理层面保持必要的共识，这对实现中华民族伟大复兴具有强大的凝聚力量和引领力。尽管"时代在变化，社会在发展，但马克思主义基本原理依然是科学真理"②。习近平总书记指出要"坚信马克思主义的科学性和真理性，坚信社会主义、共产主义的光明前景"③。

在当今时代，社会思潮涌动、激荡。习近平总书记指出，思想舆论领域大致有红、黑、灰三个地带，时代思潮存在着主流和非主流同时并存、先进和落后相互交织的局面。因此，必须以马克思主义为指导，发挥马克思主义对于新时代文化发展指导作用。在坚持马克思主义指导上也存在着一系列问题：有一些同志对马克思主义理解不深、理解不透，在运用马克思主义立场、观点、方法上功力不足、高水平成果不多，在建设以马克思主义为指导的学科体系、学术体系、话语体系上功力不足、高水平成果不多。社会上也存在一些模糊甚至错误的认识。有的认为马克思主义已经过时，中国现在搞的不是马克思主义；有的说马克思主义只是一种意识形态说教，没有学术上的学理性和系统性。实际工作中，在有的领域中马克思主义被边缘化、空泛化、标签化，在一些学科中"失语"、教材中"失踪"、论坛上"失声"④。进一步巩固马克思主义的指导地位，一方面，要加强宣传思想工作，推动全体人民学习马克思主义，巩固全体人民的理想与信仰。要深入开展中国特色社会主义宣

---

① 习近平. 决胜全面建成小康社会，夺取新时代中国特色社会主义伟大胜利 [M] //习近平谈治国理政（第三卷）. 北京：外文出版社，2020：32。
② 习近平. 继续推进马克思主义中国化时代化大众化 [M] //习近平谈治国理政（第二卷）. 北京：外文出版社，2017：66。
③ 习近平. 努力开创中国特色社会主义事业更加广阔的前景 [M] //习近平谈治国理政（第二卷）. 北京：外文出版社，2017：4。
④ 习近平. 坚持和巩固党对意识形态工作的领导 [M] //习近平谈治国理政（第二卷）. 北京：外文出版社，2017：329。

传教育;要加强价值体系建设、提高道德、促进风尚;要坚持团结稳定鼓劲、正面宣传为主的重要方针等①。另一方面,要坚持马克思主义在一切文化内容发展中的指导地位。习近平总书记指出:"要继承和弘扬我国人民在长期实践中培育和形成的传统美德,坚持马克思主义道德观、坚持社会主义道德观,在去粗存精、去伪存真的基础上,坚持古为今用、推陈出新,努力实现中华传统美德的创造性转化、创新性发展,引导人们向往和追求讲道德、尊道德、守道德的生活,让13亿人的每一分子都成为传播中华美德、中华文化的主体。"② 2016年5月17日,习近平总书记在哲学社会科学工作座谈会上的讲话中强调:"当代中国哲学社会科学是以马克思主义进入我国为起点的,是在马克思主义指导下逐步发展起来的。"③ 广大哲学社会科学工作者要自觉坚持以马克思主义为指导,自觉把中国特色社会主义理论体系贯穿研究和教学全过程,转化为清醒的理论自觉、坚定的政治信念、科学的思维方法④。

二、坚持和加强中国共产党的领导

习近平总书记在党的十九大报告中指出:"中国特色社会主义最本质的特征是中国共产党领导,中国特色社会主义制度的最大优势是中国共产党领导,党是最高政治领导力量。"⑤ 党是领导一切的,文化发展也要坚持党的领导。党领导文化建设与发展,要统筹规划,从大局上掌握文化发展的进程,使得文化发展遵循自身的规律,不偏离正确发展轨道。邓小平曾说:"各级党委都要领导好文艺工作。党对文艺工作的领导,不是发号施令,不是要求文学艺术从属于临时的、具体的、直接的政治任务,而是根据文学艺术的特征和发展规律,帮助文艺工作者获得

---

① 习近平.把宣传思想工作做得更好[M]//习近平谈治国理政(第一卷).北京:外文出版社,2014:153。
② 习近平.提高国家文化软实力[M]//习近平谈治国理政(第一卷).北京:外文出版社,2014:160-161。
③ 习近平.在哲学社会科学工作座谈会上的讲话[N].人民日报,2016-5-19(2)。
④ 习近平.坚持和巩固党对意识形态工作的领导[M]//习近平谈治国理政(第二卷).北京:外文出版社,2017:329。
⑤ 习近平.增强推进党的政治建设的自觉性和坚定性[M]//习近平谈治国理政(第三卷).北京:外文出版社,2020:94。

条件来不断繁荣文学艺术事业，提高文学艺术水平，创作出无愧于我们伟大人民、伟大时代的优秀的文学艺术作品和表演艺术成果。"①

首先，坚持党的领导符合近代以来中国的历史逻辑、政治逻辑与实践逻辑。中国共产党是按照马克思主义建党原则建立起来的，这是世界上任何其他政党都不具有的强大优势②。从根本上说，党的坚强领导是中国人民取得事业胜利的根本原因。正是有了中国共产党的坚强领导，中国人民才能从根本上改变自己的命运，中华民族才能真正站立起来。中国共产党在百年奋斗历程中带领中国人民进行了新民主主义革命、完成了社会主义革命、进行了改革开放新的伟大革命，实现了中国人民从站起来到富起来、强起来的伟大飞跃。党的十八大以来，党和国家的各项事业之所以能够稳步前进、开创新局也离不开党的坚强领导。坚持党的领导是党和国家的根本所在、命脉所在，是全国各族人民的利益所系、幸福所系。其次，坚持党的领导与人民创造文化是一致的，因为党性原则与人民性原则是相统一的。中国共产党历来是以人民的需求、人民的利益为自身的出发点与落脚点，必然要发展人民喜闻乐见的文化，必然以激发人民群众创造文化的激情与热情为工作内容，必然以人民的精神文化诉求为文化工作的根本目的。习近平总书记指出："全面加强党的领导同坚持以人民为中心是高度统一的。"③ 两者统一的目的都是为了更好地推进党和国家事业的发展，为了满足人民群众美好生活需要，为了更好地推动人的全面发展、社会全面进步、全体人民共同富裕。因此要坚持党领导文化发展原则，坚持人民主体地位，为人民管理国家事务、管理经济文化事业、管理社会事务提供更有力的保障。最后，文化发展坚持党性原则，还在于党有责任发展新时代文化。习近平总书记指出："我们党在一个有着13亿多人口的大国长期执政，要保证国家统一、法制统一、政令统一、市场统一，要实现经济发展、政治清明、文化昌盛、社会公正、生态良好，要顺利推进新时代中国特色社会主义各

---

① 邓小平. 邓小平文选（第二卷）[M]. 北京：人民出版社，1994：213。
② 习近平. 不断增强"四个意识"、坚定"四个自信"、做到"两个维护"[M]//习近平谈治国理政（第三卷）. 北京：外文出版社，2020：86。
③ 习近平. 着力从制度安排上发挥党的领导这个最大体制优势[M]//习近平谈治国理政（第三卷）. 北京：外文出版社，2020：90。

项事业，必须完善坚持党的领导的体制机制，更好发挥党的领导这一最大优势。"①

三、坚持中国特色社会主义文化自信

2014年2月，习近平总书记在主持中央政治局第十三次集体学习时明确提出要"增强文化自信和价值观自信"②。2014年3月，在参加十二届全国人大二次会议贵州代表团审议时，习近平总书记将文化软实力与文化自信联系起来加以论述。2016年5月，在哲学社会科学工作座谈会上的讲话中，习近平总书记对文化自信的重要性做了深入分析。2016年6月，在中央政治局第三十三次集体学习时，习近平总书记提出要坚定"四个自信"。在庆祝中国共产党成立95周年大会上，习近平总书记进一步强调了文化自信的重要性并把"坚定文化自信"作为共产党人的"初心"。在党的十九大报告中，习近平总书记对文化自信及其重要性作了系统阐述，认为"文化兴国运兴，文化强民族强，没有高度的文化自信，没有文化的繁荣兴盛，就没有中华民族伟大复兴"③ "文化自信是一个国家、一个民族发展中更基本、更深沉、更持久的力量"④。由此，文化自信这一概念日益成为文化发展研究中的热点。提到文化自信不得不从文化自觉概念谈起。文化自觉指生活在一定文化中的人对其文化有自知之明，明白它的来历、形成过程、所具有的特色和它的发展趋向⑤。自信是自信主体对自信客体（也即自身）的肯定与认可，文化自信当然就是人这一自信主体对文化这一客体的认同与肯定，是"文化主体在实践中通过对既有文化样态的反省而产生的对该文化样态的认同"⑥。在现

---

① 习近平.着力从制度安排上发挥党的领导这个最大体制优势［M］//习近平谈治国理政（第三卷）.北京：外文出版社，2020：89。
② 习近平.培育和弘扬社会主义核心价值观［M］//习近平谈治国理政（第一卷）.北京：外文出版社，2014：164。
③ 习近平.决胜全面建成小康社会，夺取新时代中国特色社会主义伟大胜利［M］//习近平谈治国理政（第三卷）.北京：外文出版社，2020：32。
④ 习近平.决胜全面建成小康社会，夺取新时代中国特色社会主义伟大胜利［M］//习近平谈治国理政（第三卷）.北京：外文出版社，2020：18。
⑤ 费孝通.对文化的社会性和历史性的思考［J］.思想战线，2004（2）：1-6。
⑥ 马文保，盛晓薇.透视中国特色社会主义文化的自觉和自信［J］.西安交通大学学报（社会科学版），2018（5）：94-101，128。

代中国的语境下，文化自信即指新时代党和人民在实践中产生的对中国特色社会主义文化的充分肯定与深切认同。通过对新时代精神文化内容、来源、特点、趋势等的总体认知，增强对当前文化及其未来发展的认同与自信，是发展文化的前提原则。

坚定文化自信的文化发展原则有以下几点原因。首先，这是由中国特色社会主义文化的内容决定的。中国文化博大精深，有资格自信。习近平总书记指出："当今世界，要说哪个政党、哪个国家、哪个民族能够自信的话，那中国共产党、中华人民共和国、中华民族是最有理由自信的。"① 其次，这是由文化自信的地位、作用决定的。中国近现代发展史一再证明：对于自己民族文化持自负、自卑还是自信态度直接关系到民族发展道路的选择与走向。对自己的民族文化归于自卑，对西方文化的盲目崇拜，其结果必然走向全盘西化的道路。当文化自信从一种理性认识上升为情感认同再跃升为价值信仰，那么它发挥的影响将会是巨大的。只要有信心，黄土变成金。对于文化发展来说也是这样。

如何坚定文化自信原则？首先，要充分肯定已有文化发展的积极成果。坚定文化自信，离不开对中华民族历史的认知和运用②。第一，要深入了解已有文化、要清楚认识到我国是一个拥有厚重优秀文化资源的大国。2014年2月24日，习近平总书记在主持十八届中央政治局第十三次集体学习时指出："要讲清楚中华优秀传统文化的历史渊源、发展脉络、基本走向，讲清楚中华文化的独特创造、价值理念、鲜明特色，增强文化自信和价值观自信。"③ 第二，要肯定已有文化、汲取已有文化中的宝贵思想资源。习近平总书记在比利时欧洲学院演讲时指出："中国人独特而悠久的精神世界，让中国人具有很强的民族自信心。"④ 其次，对文化发展潜力要科学地预见和赞许。最后，对自身文化发展力量

---

① 习近平. 不忘初心，继续前进 [M]//习近平谈治国理政（第二卷）. 北京：外文出版社，2017：36。

② 习近平. 要有高度的文化自信 [M]//习近平谈治国理政（第二卷）. 北京：外文出版社，2017：351。

③ 习近平. 培育和弘扬社会主义核心价值观 [M]//习近平谈治国理政（第一卷）. 北京：外文出版社，2014：164。

④ 习近平. 在联合国教科文组织总部的演讲 [N]. 人民日报，2016-7-2（3）。

要有极大的信心与积极的肯定。第一，肯定中华文化的创造力。中华民族是极具创造力和生产力的文化主体，在不同的历史阶段中华民族都能够生产出大量温润心灵、启迪心智的文化产品。"历史和现实都证明，中华民族有着强大的文化创造力。"① 第二，通过加强宣传来增强自信心。"对中国人民和中华民族的优秀文化和光荣历史，要加大正面宣传力度，通过学校教育、理论研究、历史研究、影视作品、文学作品等多种方式，加强爱国主义、集体主义、社会主义教育，引导我国人民树立和坚持正确的历史观、民族观、国家观、文化观，增强做中国人的骨气和底气。"②

四、坚持"二为"方向和"双百"方针

"二为"方向、"双百"方针是新中国成立以来就长期坚持的文化发展原则，新时代文化发展应当继续坚持。坚持"二为"方向即坚持为人民服务、坚持为社会主义服务。坚持为人民服务即坚持文化发展的人民性，就是以人民的根本利益为出发点和落脚点，坚持以人民为中心的创作导向，坚持文化发展为人民服务。坚持"双百"方针即坚持百家争鸣、坚持百花齐放。在社会主义文化思想发展领域，实现在社会主义核心价值引领下的文化多元发展。在坚持指导思想、价值观念正确情况下，尽可能满足个性自由的价值追求。就比如说，文学艺术的形式越多样越好。

为何要坚持"二为"方向、"双百"方针的文化发展原则？第一，文化创造的主体是人民群众，文化服务的主体也是人民群众。第二，社会主义文艺是人民的文艺。习近平总书记在文艺工作座谈会上的讲话中指出："社会主义文艺，从本质上讲，就是人民的文艺……文艺要反映好人民心声，就要坚持为人民服务、为社会主义服务这个根本方向。"③ 深入人民生活挖掘创作素材、多宣扬人民的优秀事迹才是好的作

---

① 习近平. 习近平总书记在文艺工作座谈会上的重要讲话学习读本 [M]. 北京：学习出版社，2015：5。
② 习近平. 提高国家文化软实力 [M]//习近平谈治国理政（第一卷）. 北京：外文出版社，2014：162。
③ 中共中央文献研究室. 十八大以来重要文献选编（中）[M]. 北京：中央文献出版社，2016：127。

品、好的文艺。哲学社会科学研究要以人民为中心。"我国哲学社会科学要有所作为,就必须坚持以人民为中心的研究导向。脱离了人民,哲学社会科学就不会有吸引力、感染力、影响力、生命力。"[①]文艺工作者要"立时代之潮头、通古今之变化、发思想之先声"[①]。第三,中华文化是一个历史悠久、拥有多民族文化的文化大国。因此,长时间、多民族的文化必定有文化多样性的需求。而且只有文化多向、多维、多面地繁荣发展,才能迸发出思想火花,在交流激荡中产生真知灼见、产生深受人民喜爱的作品。只有创作出更多体现中华文化、传播当代中国价值观念的作品,才能真正让文艺以中国特色、中国风格、中国气派屹立于世,中华文化也才能真正繁荣强大,成为世界优秀文化。

五、坚持社会效益和经济效益相统一

文化发展要坚持社会效益与经济效益相统一。坚持社会效益与经济效益相统一是指文化发展不仅仅要注重文化所能带来的经济价值,更要看重文化所带来的社会价值。不能因为追逐经济利益而舍弃文化的社会价值,要坚持两者并重,文化发展才能走得更远、走得更长久、走得更有意义。

坚持社会效益与经济效益相统一的原则,这是由文化本身的特性所决定的。我们知道经济决定文化,文化需要资本诠释,资本主义制度决定了资产阶级文化永远是附属品,但社会主义文化发展要摆脱资本的逻辑。当文化成为资本实现其目标的工具时,正如马克思所说,文化此刻"存在的价值只不过在于他是一种单纯的生产力而已"[②]。在大工业生产社会中,文化创作者"不过是一架为别人生产财富的机器……心智也变得如野兽一般"[③]。资本主义市场经济下,文化商品化不可避免。但社会主义决定了我们可以减弱市场机制对文化的消极影响,更多发挥文化的相对独立性,更多发挥能动性,创造社会效益。文化创作者要"出于同

---

① 习近平.在哲学社会科学工作座谈会上的讲话[N].人民日报,2016-5-19(2)。
② 马克思.关于自由贸易问题的演说[M]//马克思恩格斯文集(第1卷).北京:人民出版社,2009:756。
③ 马克思.工资、价格和利润[M]//马克思恩格斯文集(第3卷).北京:人民出版社,2009:70。

春蚕吐丝一样的原因而创作",而不是沦为"为书商提供工厂式劳动的作家"①。

如何坚持社会效益与经济效益相统一?习近平总书记指出:"关于文化体制改革,我只强调一点,就是要在继续大胆推进改革、推动文化事业全面繁荣和文化产业快速发展、建设社会主义文化强国的同时,把握好意识形态属性和产业属性、社会效益和经济效益的关系,始终坚持社会主义先进文化前进方向,始终把社会效益放在首位。无论改什么、怎么改,导向不能改,阵地不能丢。"② 习近平总书记在多个场合指出,文化产业不同于一般产业,具有意识形态和产业双重属性,要有精品意识,创作生产文化产品应突出思想内涵,发挥其启迪思想、温润心灵、陶冶情操的功效,以优秀的文化产品传递向上向善的价值观,更好地引领社会风尚。随着文化产业的发展,文化供给已经不是缺不缺、够不够的问题,而是好不好、精不精的问题,存在有数量缺质量、有高原缺高峰的现象,而唯票房、唯发行量、唯收视率、唯流量的问题常有发生。文化产业是内容产业,要牢牢把握正确导向,一方面,要深入开展精品创作,建立健全有利于出精品的激励引导机制,引导和推动文化企业自觉肩负起社会责任,坚持以人民为中心,坚持内容为王、质量第一,坚守文化理想,发扬工匠精神,倾心倾力打造传播当代中国价值观念、体现中华文化精神、反映中国人审美追求的传世之作。另一方面,要尊重市场机制和市场需要,通过市场准入、资格认定、加强监管等方式,引导文化企业主动适应群众多样化、分众化的精神文化需求,在选题、表达、对接上下功夫,增强供给对需求变化的适应性灵活性,用文化精品赢得受众、赢得市场,增强文化产业核心竞争力,更好满足人民群众对精神文化生活的新期待。

六、坚持民族性和世界性相统一

新时代文化发展要坚持民族性与世界性相统一的原则。新时代文化

---

① 马克思.《政治经济学批判(1861—1863年手稿)》摘选[M]//马克思恩格斯文集(第8卷).北京:人民出版社,2009:406.

② 中共中央文献研究室.习近平关于社会主义文化建设论述摘编[M].北京:中央文献出版社,2017:185.

不仅要成为具有民族特色的文化，还要成为能够跟上时代潮流、具有世界气息的全球文化。中华文化既是历史的，也是当代的，既是民族的，也是世界的①。在哲学社会科学座谈会上的讲话中，习近平总书记指出："强调民族性并不是要排斥其他国家的学术研究成果，而是要在比较、对照、批判、吸收、升华的基础上，使民族性更加符合当代中国和当今世界的发展要求，越是民族的越是世界的。解决好民族性问题，就有更强能力去解决世界性问题；把中国实践总结好，就有更强能力为解决世界性问题提供思路和办法。"②

为何要坚持民族性与世界性相统一原则？首先，文化发展需要拥有民族特性，但画地为牢、故步自封的民族文化无法长久。民族文化是一个民族区别于其他民族的独特标识③。民族文化具备独特性，世界文化因多彩的民族文化而丰富。文化由于地理空间的分布不同在不同国家民族表现为不同样态，构成多元文化世界。正是地理条件、历史环境、生产实践以及其他要素的影响，每个民族都形成了自己独特的价值观念、思维方式、风俗习惯等。每种文化都有它独特的魅力。因此，坚持中华文化的民族性就是肯定中华历史，就是肯定文化多元性特征，不仅能认识到自己民族文化的价值与魅力，还能克服不同文化形态之间的偏见。其次，文化发展需要贴合世界大势，但崇洋媚外的文化最终只会造成本民族的文化沦为他国的附庸。中国文化与世界文化既有自己的个性特点，又有与世界文化共同具有的属性。由于人类历史活动从来都保持着总体的一致性与共同性，人类的价值取向也在一定程度上存在着统一倾向。中国文化由于其地理位置、历史发展与其他地区各异，导致中国人民的风俗习惯、思维方式与其他地区人民不尽相同。但人类对真善美的追求、对科学精神的肯定是基本高度一致的。因而，中国民族文化的特殊性与世界文化的一般性共存。中华文化拥有其优异的民族文化特色。正如习近平总书记所说："中华民族具有 5000 多年连绵不断的文明历

---

① 习近平. 要有高度的文化自信 [M]//习近平谈治国理政（第二卷）. 北京：外文出版社，2017：352。

② 习近平. 在哲学社会科学工作座谈会上的讲话 [N]. 人民日报，2016-5-19（2）。

③ 习近平. 不断提高运用中国特色社会主义制度有效治理国家的能力 [M]//习近平谈治国理政（第一卷）. 北京：外文出版社，2014：106。

史,创造了博大精深的中华文化,为人类文明进步作出了不可磨灭的贡献。"① 马克思一方面肯定了文化的民族性,另一方面认为各民族文化是相互影响的,世界文化的时代正在到来。保持和发扬民族文化是要使文化为全民族所乐于认同,关键还是自身文化要强大,学习优秀文化,感到这种文化与自己切身利益相一致,通过文化体现民族精神,同时又有各民族和睦相处、共同发展的开放意识。

如何成为带有民族特色的世界文化与世界中的民族文化?也就是如何引进来与走出去的问题。中华民族是一个兼容并蓄、海纳百川的民族,在漫长历史进程中,不断学习他人的好东西,把他人的好东西化成自己的东西,这才形成民族特色②。为此,就要坚持民族自信,在对外开放的条件下做好宣传思想工作、做好文化传承工作、做好合理吸收外来文化工作,并努力使民族文化走向世界。

---

① 习近平.在第十二届全国人民代表大会第一次会议上的讲话 [M] //习近平谈治国理政(第一卷).北京:外文出版社,2014:39。
② 习近平.不断提高运用中国特色社会主义制度有效治理国家的能力 [M] //习近平谈治国理政(第一卷).北京:外文出版社,2014:105-106。

第四章

新时代文化发展的价值取向

新时代文化发展有什么样的价值取向？有什么样的目标追求？新时代文化发展的核心在于社会主义核心价值观念，目标是总体性的、多方面的发展繁荣，在新时代文化建设与发展中要深刻理解和正确处理文化发展与中国特色社会主义道路、理论、制度之间的相互关系。

第一节 新时代文化与社会主义核心价值观

文化与价值观念息息相关。价值观念是文化的内在灵魂，因而发展新时代文化最为关键的就在于培育和践行社会主义核心价值观。而在核心价值观之中，道德人格的养成是培育文明新风、提高精神文化素养的重要内容。

一、文化与价值观念

价值观念是文化的内在灵魂，文化是价值观念的重要载体。文化作为一个内涵丰富的范畴，其内部有一些核心的东西，那便是观念，观念里边有一些本质的东西，那便是价值观。价值观念成为文化的内在灵魂是由其内涵与作用所决定的。价值观念的内容与作用决定了其在文化范畴中的重要地位。

首先，人这一文化主体在实践活动中必然要与外在客体发生作用，无论是自觉地或是不自觉地，人通过实践活动形成了对对象的认识意识，并在此基础上，思考客体对自身的意义问题——客体对自身的好坏、利弊、用度，也就是价值问题。价值的重点在于满足需要，价值意识是价值主体对外界物能否满足自身需要所进行认知、评价、选择、创造、享有的一系列思考，价值观念就是对价值意识的总体看法、观念。而后，情感、态度等外层的文化要素次第产生。

其次，价值观念的内涵决定了它在文化中的重要作用。价值观作为一种价值导向机制，为人们的思想和行动提供价值坐标、指明目标方向。群体性的思维模式、行为方式、为人处世往往因为共同的价值观念具有相对一致的倾向性，并通过历史的积淀形成凝聚力与向心力，使得组织在做判断、做取舍时有着更多的一致性与稳定性，从而形成独特区域群体心理、情感、态度。因此，价值观念是文化内部最根本的、决定性的要素。

最后，价值观念虽然是文化的内在灵魂，但其存在与发展始终无法脱离文化这一重要载体。作为文化的核心要素，价值观念内藏于文化其他要素之中。文化情感的表达、态度的明确、风尚的取向等，都需要价值观念的引导，价值观念也需要通过情感、态度等来显现自我、表达自身。

二、新时代文化发展与核心价值观培育

社会主义核心价值观的构建经历了一个历史过程。党的十六届六中全会作出了《中共中央关于构建社会主义和谐社会若干重大问题的决定》，提出建设社会主义核心价值体系的任务，认为其是建设和谐文化的根本，为核心价值观的形成奠定理论基础，指出"马克思主义指导思想，中国特色社会主义共同理想，以爱国主义为核心的民族精神和以改革创新为核心的时代精神，社会主义荣辱观，构成社会主义核心价值体系的基本内容"。党的十八大报告提出倡导富强、民主、文明、和谐，倡导自由、平等、公正、法治，倡导爱国、敬业、诚信、友善的社会主义核心价值观，以扎实推进社会主义文化强国建设。习近平总书记指出：社会主义核心价值观分别从国家层面、社会层面和公民层面概括出了价值目标、价值取向与价值准则。"富强、民主、文明、和谐是国家层面的价值要求，倡导自由、平等、公正、法治是社会层面的价值要

求,倡导爱国、敬业、诚信、友善是公民层面的价值要求。"①

新时代文化发展主要在于培育核心价值观。核心价值观"承载着一个民族、一个国家的精神追求,体现着一个社会评判是非曲直的价值标准"②,是推动民族或国家文明进步、发展壮大的最持久、最深层的力量。社会主义核心价值观作为中华优秀传统文化、革命文化和社会主义先进文化的现实指向,反映了中华民族对待国家、社会与个人关系的深沉思考,彰显了中国特色社会主义文化形态的深刻内涵,体现了文化形态的社会主义属性和价值追求。以社会主义核心价值为引领,是中国特色社会主义文化发展路径的根本要求,是社会主义文化繁荣的必然选择,是坚持社会主义文化前进方向的应有之义。

首先,核心价值观是新时代文化的内在灵魂,新时代文化是核心价值观的重要载体。习近平总书记指出:"核心价值观是文化软实力的灵魂、文化软实力建设的重点。这是决定文化性质和方向的最深层次要素。一个国家的文化软实力,从根本上说,取决于其核心价值观的生命力、凝聚力、感召力。"③ 核心价值观能够起到指导规范、凝魂聚气的作用,社会主义核心价值观"体现了社会主义本质要求,继承了中华优秀传统文化,也吸收了世界文明有益成果,体现了时代精神"④。

其次,新时代文化发展需要核心价值观为统领。"每个时代都有每个时代的价值观念。"②社会主义核心价值观是中国特色社会主义文化在价值层面的凝练与表达,新时代文化的核心内容与精髓就是社会主义核心价值观。中华文化之所以绵延不绝、流传至今,其中重要的原因在于中华文明生成、发展、坚守其核心价值观念。新时代文化建设也需要将

---

① 习近平.青年要自觉践行社会主义核心价值观——在北京大学师生座谈会上的讲话[M].北京:人民出版社,2014:4-5。
② 习近平.青年要自觉践行社会主义核心价值观[M]//习近平谈治国理政(第一卷).北京:外文出版社,2014:168。
③ 习近平.培育和弘扬社会主义核心价值观[M]//习近平谈治国理政(第一卷).北京:外文出版社,2014:163。
④ 习近平.青年要自觉践行社会主义核心价值观[M]//习近平谈治国理政(第一卷).北京:外文出版社,2014:169。

社会主义核心价值观作为价值判断坐标、作为价值准则牢牢把握与坚持。因为社会主义核心价值观反映了国家、社会、人民的价值诉求，其既是推进文化强国的精神力量，也是文化强国的重要内容。

最后，培育核心价值观能够促进新时代文化发展。文化发展中的价值观念是文化发展的本质与灵魂，文化发展的核心取决于价值观的更新与嬗变。"提高国家文化软实力，要努力传播当代中国价值观念。当代中国价值观念，就是中国特色社会主义价值观念。"① 发展新时代文化主要在于培育核心价值观。"如果一个民族、一个国家没有共同的核心价值观，莫衷一是，行无依归，那这个民族、这个国家就无法前进。这样的情形，在我国历史上，在当今世界上，都屡见不鲜。"② 核心价值观的培育有利于构筑中国精神。早在五四运动时期，五四精神体现了中国人民和中华民族近代以来追求的先进价值观③。而当代的"社会主义核心价值观是当代中国精神的集中体现，凝结着全体人民共同的价值追求"④。用社会主义核心价值观凝魂聚力，更好地构筑中国精神、中国价值、中国力量，为中国特色社会主义事业提供源源不断的精神动力和道德滋养⑤。当代中国文化，应该在中国特色社会主义核心价值观的主导下，成为凝聚社会思想共识、激发民族活力的精神力量。核心价值观的培育有利于形成良好社会风尚。核心价值观的培育能够使得人民拥有更多一致的思维方式、行为取向，使得人民对自身、对他人、对国家有着更多的认同感，从而将人民牢牢地团结在一起。核心价值观的培育有利于塑造优秀文艺作品。文艺作品本身不仅仅是故事叙述的展开，其核心

---

① 习近平.提高国家文化软实力［M］//习近平谈治国理政（第一卷）.北京：外文出版社，2014：161。

② 习近平.青年要自觉践行社会主义核心价值观［M］//习近平谈治国理政（第一卷）.北京：外文出版社，2014：168。

③ "五四精神体现了中国人民和中华民族近代以来追求的先进价值观。爱国、进步、民主、科学，都是我们今天依然应该坚守和践行的核心价值，不仅广大青年要坚守和践行，全社会都要坚守和践行。"{习近平.青年要自觉践行社会主义核心价值观［M］//习近平谈治国理政（第一卷）.北京：外文出版社，2014：167-168}

④ 习近平.决胜全面建成小康社会，夺取新时代中国特色社会主义伟大胜利［M］//习近平谈治国理政（第三卷）.北京：外文出版社，2020：33。

⑤ 中共中央文献研究室.习近平关于社会主义文化建设论述摘编［M］.北京：中央文献出版社，2017：146。

饱含着一个社会的核心价值观念。习近平总书记指出："要通过文艺作品传递真善美，传递向上向善的价值观，引导人们增强道德判断力和道德荣誉感，向往和追求讲道德、尊道德、守道德的生活。"① 反之，也可以说，核心价值观的培育能够进一步促进文艺作品的流通与升华。

三、新时代文化发展与道德人格的养成

人格是人区别于动物的特有规定性，人格魅力是一个人人品、气质、能力的综合反映。马克思认为人的资格和人的尊严是人格的标记②，其实质是人社会化的性质和水平③。道德是规范人们行为的非强制性体系，道德规范有助于合理解释、稳定和发展人伦社会关系。内心的道德法则愈时常、愈反复思索就会日日新、日益赞叹敬畏④。人格与道德之间存在着紧密的联系。道德是人实现自我、完善自我、超越动物的一种提升方式，人格的尊严沉淀为个体讲道德、尊道德的深沉力量，道德人格作为一种价值诉求成为个体最深层、最基础的道德意识，是一种重要的人格类型。

"人格是人的规定"⑤，道德人格则是人格的道德性规定。对比动物的特有规定性，道德人格是社会个体尊严、价值、品格等的总和；按照人格的社会化特质，道德人格非天赋使然或与生俱来，而形成于后天的道德生活实践；作为人格的道德性规定，道德人格是个体内在的道德观念、道德品格与外在的道德行为、道德实践的具体统一。道德人格是"一个人作为道德主体的资格或品格"⑥"立足于实有且无限趋向理想的人格"⑦"是个人的脾气、习性与后天道德实践活动形成的道德品质和

---

① 中共中央文献研究室. 习近平关于社会主义文化建设论述摘编［M］. 北京：中央文献出版社，2017：143。

② 马克思说："尊严是最能使人高尚起来、使他的活动和他的一切努力具有崇高品质的东西，就是使他无可非议，受到众人钦佩并高出于众人之上的东西。"{马克思，恩格斯. 马克思恩格斯全集（第40卷）［M］. 北京：人民出版社，1982：6}

③ 马克思在谈到人格问题时曾说："'特殊的人格'的本质不是人的胡子、血液、抽象的肉体本性，而是人的社会特质。"

④ 康德. 实践理性批判［M］. 关文运，译. 北京：商务印书馆，1960：164。

⑤ 马克思，恩格斯. 马克思恩格斯全集（第1卷）［M］. 北京：人民出版社，1956：272。

⑥ 赵成文. 道德人格及其社会功能初探［J］. 社会科学，1999（7）：55-58。

⑦ 肖雪慧. 守望良知［M］. 沈阳：辽宁人民出版社，1998：8。

情操的统一"①。道德人格产生于一定社会生活实践,是个人在一定价值观念指引下对一定社会人伦关系、生活方式(社会规则、秩序)所具有的个性化的稳定态度和立场,是个体特定的道德认知、道德情感、道德意志、道德信念和道德习惯的有机结合,有善恶、高尚与低劣的层次之分。道德人格从道德价值的维度揭示了人的独立性道德主体地位,表现为特定个体调节、适应、改造社会生活环境的道德精神素质,并显现为不同的道德存在状态,表达了不同的道德价值取向。

道德人格的社会特性决定了道德人格的时代特性。人"是属于一定的社会形式的"②,人格也是在劳动实践中不断创生、发展的。每个历史时代都有"变化了的人的本性",每个时代都有自己的理想道德人格样式。在新时代,道德人格具有新的目标取向,对社会个体提出了更高的道德要求。习近平总书记在多个场合提及过理想道德人格所必备的品质:远大理想、崇高信仰、坚韧不拔、自强不息、德才兼备、责任意识、服务观念,等等③。基于此,新时代文化发展旨在构建一种集"优秀社会公德、职业道德、家庭美德、个人品德于一体的道德人格,倡导爱国、敬业、诚信、友善等基本道德规范,培育知荣辱、讲正气、作奉献、促和谐的良好风尚"④。而培养道德人格就是教育每个个体都要知道德、尊道德、守道德,将美好优良的道德内容内化于心、外化于行,从而形成健全的道德人格,使道德成为自身与生俱来的气质,成为道德个体,要"让13亿人的每一分子都成为传播中华美德、中华文化的主体"⑤。新时代道德人格的养成以新时代理想道德人格目标为旨归,向

---

① 罗国杰.中国伦理学百科全书·伦理学原理卷[M].长春:吉林人民出版社,1993:8。
② 马克思.关于费尔巴哈的提纲[M]//马克思恩格斯文集(第1卷).北京:人民出版社,2009:501。
③ 还有如全国道德模范的品质:充满爱心、助人为乐、舍生忘死、诚实守信、坚守正道、敬业奉献、虔诚勤勉、孝老爱亲、血脉情深。{习近平.为实现中国梦凝聚有力道德支撑[M]//习近平谈治国理政(第一卷).北京:外文出版社,2014:159。
④ 习近平.为实现中国梦凝聚有力道德支撑[M]//习近平谈治国理政(第一卷).北京:外文出版社,2014:159。
⑤ 习近平.提高国家文化软实力[M]//习近平谈治国理政(第一卷).北京:外文出版社,2014:161。

"至善"夙愿靠近,鼓励全社会积善成德、明德惟馨[①]。道德是个人安身立命的根本,是国家存在发展的基础。习近平总书记在山东考察时就曾指出国无德不兴,人无德不立。但道德——如理查德·哈什所语——不能从一个维度考察,道德认知与实践行为中间存在桥梁。一个不可辩驳的事实是,道德认知不能直接产生相应的道德行为,道德认知不能反映道德发展的全部,道德建设最终在于道德人格的养成。正如黑格尔所说的,只有当一个人的伦理行为固定为他性格中的要素,才能说是有德的。在马克思看来,知耻辱、讲道德已经是一种革命、一种自我革新[②]。道德人格同人的本质、价值与生活方式紧密相连,是个体道德建设的中心内容,是培育时代新人的根本性任务,是时代新人追求美好生活的必备要素。进一步而言,个人本质作为社会活动的主体有机地代表了社会的本质[③],个体的道德人格组成社会整体道德氛围。

新时代文化发展关键在于养成道德人格。首先,这是由文化与道德人格的一般关系所决定的。道德人格与特定社会的文化紧密联系。一方面,道德人格对文化的形成、发展、塑造都有着深刻的影响。在某种程度上可以说文化是人格的扩大。因此,道德人格的优劣及其发展可以激励或抑制外在文化的发展。另一方面,文化对道德人格的教化、濡染与发展影响巨大。文化直接反映着人的人格及其生态的状况,任何道德人格的形成都离不开特定文化的哺育。正如卡西尔所阐释的,人在产生文化的同时生成了人格[④]。不论是善良或邪恶、正直或狡诈,都是一定的社会文化环境所赋予的。卡西尔强调不同的文化形态对人格向度的发展有着不同的促进效应——而道德在行动中给予我们以秩序。新时代道德人格的养成是文化软实力的重要组成部分。新时代文化实践呼唤

---

① 习近平.为实现中国梦凝聚有力道德支撑 [M]//习近平谈治国理政(第一卷).北京:外文出版社,2014:158。

② 马克思指出:"耻辱本身已经是一种革命。"{马克思.马克思恩格斯全集(第1卷)[M].人民出版社,1956:407}

③ 马克思认为:"社会本质不是一种同单个人相对立的抽象的一般的力量,而是每一个单个人的本质。"(马克思.1844年经济学哲学手稿[M].北京:人民出版社,2005:170-171)

④ 德国哲学家恩斯特·卡西尔认为人是文化活动中所表现出来的行动统一体,人正是在能动的创造性活动之中,产生了一切文化,同时又塑造了人之为人的东西——人格(参见恩斯特·卡西尔的《人论》)。

着也创造着与此相适应的理想道德人格。其次，道德人格与价值观念是一体两面的关系。习近平总书记曾指出："核心价值观，其实就是一种德。"[1] 文化价值观通过支持或否定人的某些活动给人的行为以道德规范，影响着人们行为的倾向，塑造着人格。一个社会的道德究其本质即是一种调节人与人之间社会关系的价值体系，它反映的应是人与人之间客观的社会关系，以及以人和社会健康生存发展为目的的价值关系，对这种道德价值关系的反应就形成一定的道德价值观。基于此，道德人格的养成需要核心价值观，正如习近平总书记所指出的那样："把培育和弘扬社会主义核心价值观作为凝魂聚气、强基固本的基础工程，继承和发扬中华优秀传统文化和传统美德，广泛开展社会主义核心价值观宣传教育，积极引导人们讲道德、尊道德，追求高尚的道德理想，不断夯实中国特色社会主义的思想道德基础。"[2] 最后，道德人格的养成促进新时代文化发展。"夯实国内文化建设根基，一个很重要的工作就是从思想道德抓起，从社会风气抓起，从每一个人抓起。"[3] 道德人格的养成是建设文化事业的必要战略内容，由于新时代社会依旧存在着道德滑坡、传统义利观颠覆等不文明现象，坚持发扬中华传统美德、培养新时代理想道德人格便亟须提上日程。具体而言，可以从以下几个方面进行解剖。道德人格的养成有利于实现理想信念。习近平总书记曾指出实现中国梦需要凝聚有力道德支撑[4]。道德人格的养成有利于塑造中国精神。马克思曾言："道德的基础是人类精神的自律。"[5] 而一个人能不能把握自己、一个民族能不能自立，在很大程度上是由道德决定的。道德人格的养成是我们精神独立的基础，唯此，我们才不会沦为西方道德价值的附庸。"如果我们的人民不能坚持在我国大地上形成和发展起来的道德价

---

[1] 习近平. 青年要自觉践行社会主义核心价值观 [M] //习近平谈治国理政（第一卷）. 北京：外文出版社，2014：168。
[2] 习近平. 培育和弘扬社会主义核心价值观 [M] //习近平谈治国理政（第一卷）. 北京：外文出版社，2014：163。
[3] 习近平. 提高国家文化软实力 [M] //习近平谈治国理政（第一卷）. 北京：外文出版社，2014：160。
[4] 习近平. 为实现中国梦凝聚有力道德支撑 [M] //习近平谈治国理政（第一卷）. 北京：外文出版社，2014：158。
[5] 马克思，恩格斯. 马克思恩格斯全集（第1卷）[M]. 北京：人民出版社，1956：15。

值,而不加区分、盲目地成为西方道德价值的应声虫,那就真正要提出我们的国家和民族会不会失去自己的精神独立性的问题了。"① 道德人格的养成有利于良好社会风尚的形成。个人是家庭的组成原子,家庭是社会的组成单位。当人人都具有道德人格、家家都文明向上,社会风气也就自然而然地清朗开阔了。"尊老爱幼、妻贤夫安、母慈子孝、兄友弟恭、耕读传家、勤俭持家,知书达礼、遵纪守法,家和万事兴等中华民族传统家庭美德,铭记在中国人的心灵中,融入中国人的血脉中,是支撑中华民族生生不息、薪火相传的重要精神力量,是家庭文明建设的宝贵精神财富。"② 这些蕴涵于传统文化的家庭美德,对家风建设、社会风尚建设具有极大的意义。道德人格的养成有助于高尚文艺作品的生产。文艺作品反映了作者的道德价值观,一个具备真善美、正能量的作者能够谱写出真正优秀的文艺作品。

作为人类社会实践的产物,道德人格不仅在不同时代呈现不同形态,即使是同一社会,不同阶层的人因为经济基础、文化教育等差异也会呈现不同道德人格。在新时代复杂的市场经济条件与网络文化环境下,各阶层个体的道德人格并不完善,有理想信仰缺失、漠视道德准则、追逐享乐逃避责任之现状。那么,新时代该如何培养德性?培养高尚的道德人格是一个诉诸道德主体自身的长期努力,改造主观世界使其知道德、尊道德、守道德,从而建造道德客观世界的漫长历史过程。概言之,首先,要汲取优秀传统文化。中华传统文化之中素来有以"仁义礼智信"为代表的中华传统美德。在浩浩荡荡的历史进程中,中华传统美德一直是社会和谐稳定的根基、民族团结友爱的支柱。习近平总书记指出:"中国优秀传统文化的丰富哲学思想、人文精神、教化思想、道德理念等,可以为人们认识和改造世界提供有益启迪,可以为治国理政提供有益启示,也可以为道德建设提供有益启发。"③ "中华传统美德是

---

① 中共中央文献研究室.习近平关于社会主义文化建设论述摘编[M].北京:中央文献出版社,2017:139。
② 习近平.注重家庭,注重家教,注重家风[M]//习近平谈治国理政(第二卷).北京:外文出版社,2017:353。
③ 习近平.习近平在纪念孔子诞辰2565周年国际学术研讨会暨国际儒学联合会第五届会员大会开幕式上的讲话[N].人民日报,2014-9-24(2)。

中华文化的精髓，蕴含着丰富的思想道德资源"①。自强不息、敬业乐群、扶正扬善、扶危济困、见义勇为、孝老爱亲等传统美德都有其永不褪色的价值。"我们要利用好中华传统文化中的这些宝贵资源，增强人们的价值判断力和道德责任感，不断提高人们的道德水平，提升人们的道德境界。"② 今天，中华民族要继续前进，就必须根据时代条件，继承和弘扬我们的民族精神、我们民族的优秀文化，特别是包含其中的传统美德③。其次，要坚持社会主义核心价值观引领。道德人格的完善有其特定的社会规定性，这就是说，在一个社会里，并不是任何一种道德原则和规范都反映或体现了历史的必然性。个人只有认同和奉行那种反映和体现了历史必然性的道德原则和规范，并将其内化为自己的价值目标，才能获得真正的道德自由，才能使自己的道德人格具有高尚性，并能不断完善。新时代道德人格的建构必须认同和奉行社会主义的道德原则和规范，要以社会主义核心价值体系为指导。其中，道德人格榜样的力量十分重要。道德榜样，指在日常生活中拥有崇高的道德理想、高尚的道德人格和巨大的道德吸引力的人。道德榜样是价值观内藏于心、外显于行的最佳践行者。习近平总书记在多个场合号召广大青年、学生、干部、党员、群众要学习马克思、毛泽东、邓小平④等道德榜样公而忘私、无私无畏的博大胸怀，严于律己、宽以待人的品格，嘱托"大家做一个脱离低级趣味的人、高尚的人"⑤。最后，德行的养成需要落脚于实践。道德人格是建构生成的，而不是内生的或外铄的，道德人格教育是基于价值引导与自主建构相统一的教育。深入开展学习宣传道德模范活动，

---

① 习近平. 培育和弘扬社会主义核心价值观 [M] //习近平谈治国理政（第一卷）. 北京：外文出版社, 2014：164。
② 中共中央文献研究室. 习近平关于社会主义文化建设论述摘编 [M]. 北京：中央文献出版社, 2017：141。
③ 习近平. 从小积极培育和践行社会主义核心价值观 [M] //习近平谈治国理政（第一卷）. 北京：外文出版社, 2014：181。
④ 习近平. 努力开创中国特色社会主义事业更加旷阔的前景 [M] //习近平谈治国理政（第二卷）. 北京：外文出版社, 2017：12。
⑤ 习近平. 用共产党员的标准严格要求自己 [M] //习近平谈治国理政（第二卷）. 北京：外文出版社, 2017：193。

推进公民道德建设①都是可圈可点的建设途径。

第二节 新时代文化发展的根本价值取向

"文化,或者不用那么专门的字眼——传统,绝不外在或独立于由共同生存的个人所组成的社会。文化价值不是从天而降地对历史进程发生影响的,它是一种基于人的观察而产生的抽象。"② 价值问题是客体满足主体需要的问题,文化价值就是主体的人对文化意义的理解与确定。新时代文化发展的价值取向也即文化发展的目标追求,亦即明确新时代文化要发展成为什么样的文化,怎样的文化才是对人有意义、有价值的,为文化发展指明方向。正确的价值选择取决于我们对现实的正确认识。

一、文化是国家实力的重要组成部分

加强国家软实力建设是实现国家兴旺发达的必要途径。青年恩格斯在《恩斯特·莫里茨·阿伦特》(1841年)一文中曾说,法国人在国外称霸的基础在于他们总是比一切其他民族更容易掌握欧洲的文化形式即文明。在《欧洲军队》一文中,恩格斯指出:"我们就看到,文化水平比较高的国家对不够发达的邻国在军事上具有怎样的优越条件。"③ 在《德国的革命和反革命》一文中,恩格斯在谈到德意志人对欧洲东部的殖民统治时,再次指出国家文化软实力的极端重要性:"在边境各斯拉夫人地区,德意志人的重要性随着城市和工商业的发达而增加,而当实际情况是几乎一切精神文化都必须从德国输入时,他们的重要性就更加

---

① 习近平. 为实现中国梦凝聚有力道德支撑 [M]//习近平谈治国理政(第一卷). 北京:外文出版社, 2014: 158.
② 巴林顿·摩尔. 民主和专制的社会起源 [M]. 拓夫等,译. 北京: 华夏出版社, 1987: 394.
③ 马克思, 恩格斯. 马克思恩格斯全集(第11卷)[M]. 北京: 人民出版社, 1962: 467-468.

增大了。"① 在当今世界大发展大变革大调整时期，建设文化强国增强文化实力对于维护国家安全、加强国家总体实力已有着不容小觑的作用。习近平总书记曾指出，提高国家文化软实力，关系"两个一百年"奋斗目标和中华民族伟大复兴中国梦的实现②。习近平总书记多次强调没有高度的文化自信，没有文化的繁荣兴盛，就没有中华民族伟大复兴。

二、新时代文化发展的价值取向

文化作为社会有机体的一部分，是与其他部分相互作用的。其既受经济、政治、社会、生态文明等制约与影响，又反映并引领经济、政治、社会、生态文明的发展。文化的发展既有总体性、根本性的价值取向，又有与社会各个领域的发展密切相关的价值取向。在中国特色社会主义新时代，中国共产党团结带领人民建设中国特色社会主义，其根本价值追求，就是建设富强、民主、文明、和谐、美丽的社会主义现代化强国，实现国家富强、民族振兴、人民幸福的中华民族伟大复兴的中国梦。"建设富强民主文明和谐的社会主义现代化国家，实现中华民族伟大复兴，是鸦片战争以来中国人民最伟大的梦想，是中华民族的最高利益和根本利益。"③ 这一总体性的价值追求，也是新时代文化建设与发展的总体价值取向，而这一总体性价值取向又是通过与各个领域密切相关的多方面的具体价值取向来体现和实现的。

物质生产是构成人类社会存在与发展的基石，是其余社会领域发展得以实现的前提条件。经济文化是一种指导、规范经济运行发展的理念。我国经济发展进入新常态，在经济活动中要长期坚持、不断丰富发展新时代中国特色社会主义经济思想，坚持讲信和睦、合作共赢、守望相助、心心相印、开放包容，形成全面开放新格局，推动经济高质量发展。政治是为了保障经济能够发展进步以及维护人民之间合理的利益分

---

① 恩格斯. 德国的革命和反革命 [M] //马克思恩格斯文集（第2卷）. 北京：人民出版社，2009：397。
② 习近平. 提高国家文化软实力 [M] //习近平谈治国理政（第一卷）. 北京：外文出版社，2014：160。
③ 习近平. 青年要自觉践行社会主义核心价值观 [M] //习近平谈治国理政（第一卷）. 北京：外文出版社，2014：169。

配而建构起来的,目的在于保证全社会的效率、自由、平等、民主、公正、法治。"要注重加强政治文化建设,倡导和弘扬忠诚老实、光明坦荡、公道正派、实事求是、艰苦奋斗、清正廉洁等价值观,旗帜鲜明抵制和反对关系学、厚黑学、官场术、'潜规则'等庸俗腐朽的政治文化,不断培厚良好政治生态的土壤。"[①] 文化一旦形成并传承便能潜在地规范与约束人们的行为,社会文化的目的在于通过扩大文化影响力来提高思想引领力、增强社会凝聚力。习近平总书记指出:"要把促进社会公平正义、增进人民福祉作为一面镜子。"[②] 推进社会文化发展就是要把美好生活向往作为奋斗目标,铸牢中华民族共同体意识。生态文化是一种人类必须尊重自然、顺应自然、保护自然的生态意识。新时代文化发展包括加强社会主义生态文明建设、推动建设美丽中国、促进人与自然和谐相处的生态理念。唯有如此,才能实现新时代文化整体的有序推进建设。在新时代,要把文化建设融入经济建设、政治建设、社会建设、生态文明建设各方面和全过程,以促进现代化建设各方面相协调,促进生产力与生产关系、经济基础与上层建筑相协调。

三、新时代文化发展的多重价值取向

文明的发展具有多重性,新时代文化发展是各方面具体目标的实现。只有多角度、多维度思考文化发展的多重价值取向,才能透彻了解新时代文化发展的本质。

首先,文化发展要坚持为了人民、服务人民的价值取向。文化的价值不仅仅在于狭义层面上的提供知识,更在于潜移默化地为人的生命提供其存在的价值意义,对现实的人的生存发展中的重大问题作出回应。简而言之,文化的作用旨在提高每个人的文化素养、道德品质等,使个体的智力、情感、精神健康发展。

其次,文化发展要坚持科学发展、进步文明的价值取向。文化发展

---

① 习近平. 严肃党内政治生活 [M]//习近平谈治国理政(第二卷). 北京:外文出版社,2017:181。

② 习近平. 切实把思想统一到党的十八届三中全会精神上来 [M]//习近平谈治国理政(第一卷). 北京:外文出版社,2014:97。

若想长盛不衰，当然离不开科学发展。按照规律发展的文化才能够成为先进文化。科学发展是一种综合的发展理念，是依照和顺应文化自身的发展规律。科学发展是一种平衡的发展理念，不是追求单一维度的发展而损害其他方面。

最后，文化发展要坚持立足当下、面向未来、人与自然和谐共生的价值取向。自然在人类文化发展目标中占据了重要地位。新时代文化发展以促进生态繁荣、实现人与自然和谐共生为价值目标的。文化起源于人与自然的关系。一开始，文化即"文化自然"，是一个派生于自然的概念。但随着人类文明的演进、文化历史的发展，文化渐渐反客为主，将自然视为自己的派生物。随着人类历史的前进，文化在改造自然中发展，自然在文化理念下改造，两者在改造自然这一实践活动中博弈并进。文化与自然的关系经历了古代的对立、近代的对立、现在的改造。人从自然的奴隶跃升为自然表面上的主人，再到自然的守护者，面对这一片劳作生息、安身立命的大地，人类文化最终为建设家园、守护家园而服务。自然对文化发展有着本原性与终极性制约，但这"并不否定文化的创造性和超越性，恰恰相反，文化世界的产生是人'向文而化'的实践活动的结果，人在实践活动中，既按自己的目的和需要改造自然，也改造自身，自然界经过人的改造具有了新的形象、结构和功能，成为'人化自然'或'人工自然'，成为文化世界的一部分，人本身也从自然物种之一逐渐变为'文化人'"。① 然而，从农业文明到工业文明、再到后工业文明，资本主义的发展不但是一个古今之变的历史过程，同时也是一个夺天下大势的地理过程，也就是马克思所说的"历史向世界历史转变"的过程中，人类对自然造成了破坏，而这一切也给人类带来了打击。恩格斯曾警告人类不要过分陶醉于对自然界的胜利，对于每一次这样的胜利，自然界都进行了报复。这就意味着我们对待自然的文化态度、文化方式也亟须转变观念。因此，新时代文化发展应当以培育高质量自然为价值取向。新时代依旧要探索人与自然这一基本问题，在此基础之上，再反思随着时代发展新产生的问题。自然环境本身是一个毫

---

① 邹广文，常晋芳. 空间与人的文化世界 [J]. 中国文化研究，2000（2）: 21-27，145。

无人文色彩的学科术语，只有当遭遇了人的活动才具有了文化意义，产生了生态文化。相应地，生态系统中所有非纯天然的、经后天改动过的景象都留下了人类文化印记。那些外貌、造型、设计、方位则直接体现了人类的生态文化价值理念。文化发展说到底是人与对象及之间工具的共同进化，对待客体的态度如何体现了人的文明进化程度，文化对自然应采取认同与回归态度。文化发展是人与自然沟通的中介。文化发展的态度与方向决定了我们与自然相处的态度，而正确的态度应当是敬畏自然、和谐共存。人与自然是一种互相塑造的关系。在自然中，人才能展示自己的自由本性。通过与自然的相处——人在劳动中进一步发挥自己的创造性，进一步展现文化特性。为了人与自然的物质交换能够顺利进行，满足不断增长的物质文化需求，要进一步研究自然本身的客观规律，即文化发展要遵循自然客观规律。

四、新时代文化发展的全球价值取向

文化发展不能囿于一国、一地域，这既不符合文化流动、传播的本性，也违背了文化交流、互鉴之所需。因此，新时代文化的价值取向必然包括全球价值取向。新时代文化发展能否在全球多姿多彩的文化中占据一席之地？能否足够强大、对其他文化产生一定的影响力？能否对全球文化乃至全球治理做一些价值上的贡献？这都事关文化发展的全球目标设定。

首先，在全球文明的大熔炉中，新时代文化必然追求自身发展的存在感与影响力。自古以来，中华文化一直是其他各国学习、向往的对象，然而到了近代却没落了，所以，新时代文化要崛起。如若文化不发展不进步，则会永远地消失于地球文化之中，那么政权国家也将不复存在，就像古巴比伦文化。

其次，促进全球文化繁荣发展的全球价值取向。为什么要促进全球文化繁荣？因为人类是一个整体，大家好才是真的好，要共建人类命运共同体，以及交流互鉴、繁荣文明的全球价值取向。全球价值取向旨在新时代文化能够处理解决世界问题、创新创造世界文明、推动建设和谐世界。2020年的新冠疫情深刻地揭露了以美国为首的西方价值观的落后,在面对人类大灾难面前,只是一味地逃避、互相指责,丝毫没有团结协作、科学抵御的精神。唯有中国在大灾面前做得最佳,因为中国拥有与生俱来的文化基因,让中国人民团结一致,战胜疫情。实践证明中华文化具有解决全球难题、促进全球发展的能力,可以"把世界各国人民对美好生活的向往变成现实"[1]。自己成为优秀文化并不意味着中华文化要走上殖民他国文化、倾轧他国文化的道路,中华文化更多采取的是靠自己实力来吸引他国文化。所以,中国走和平发展道路,不仅其他方面要求和平发展,文化上也要和平发展。中华文化始终崇尚和平,也有自信、有能力在和平中实现自身的发展目标,不需要用武力等来征服。

最后,为全球治理出谋划策的全球价值取向。虽然世界发展进入了现代化,但全球面临的难题丝毫没有减少,反而随着全球化的进程涌现出更令人棘手的问题。经济难题、难民问题、安全问题、全球污染问题等一系列问题,没有哪一个国家能独立解决。正如习近平总书记所说,各国应该坚持人类优先的理念,而不应把一己之私凌驾于人类利益之上[2]。文化发展就是要在全球范围内树立这样一种全球理念、精神,促进全球发展。倡导开放包容、共同进步、公平正义的发展观,把世界多样性和各国差异转化为发展活力和动力,共同推进全球文明进步。所以中国积极推动地区合作,倡导建立更加平等均衡的新型全球发展伙伴关系,共同构建人类命运共同体。

第三节　新时代文化发展与中国特色社会主义

中国特色社会主义进入新时代,"党要在新的历史方位上实现新时

---

[1]　习近平. 把世界各国人民对美好生活的向往变成现实 [M] //习近平谈治国理政(第三卷). 北京:外文出版社, 2020:433。
[2]　习近平. 开放合作,命运与共 [M] //习近平谈治国理政(第三卷). 北京:外文出版社, 2020:209。

代党的历史使命,最根本的就是要高举中国特色社会主义伟大旗帜"①。中国特色社会主义是中国共产党带领人民基于中国国情、结合中国实际、通过不断地艰辛探索、积累创造所取得的重大理论成果与实践成果,是植根中国大地、符合人民意愿、适应时代潮流、实现伟大复兴中国梦的光辉旗帜。中国特色社会主义是中国特色社会主义道路、中国特色社会主义理论体系、中国特色社会主义制度、中国特色社会主义文化的统一整体。其中,中国特色社会主义道路解决的是举什么旗、走什么路的问题;中国特色社会主义理论体系解决的是用什么指导思想武装全党和全国人民的问题;中国特色社会主义制度解决的是用什么制度保障的问题;中国特色社会主义文化解决的是该有什么样的理想信念与精神状态的问题。简而言之,道路是实现路径,理论是行动指南,制度是根本保障,文化是精神力量,四者统一于中国特色社会主义伟大实践。作为党和人民长期实践取得的根本成就,中国特色社会主义"承载着几代中国共产党人的理想和探索,寄托着无数仁人志士的夙愿和期盼,凝聚着亿万人民的奋斗和牺牲,是近代以来中国社会发展的必然选择,是发展中国、稳定中国的必由之路"②。发展新时代文化,是坚持和发展中国特色社会主义一个重要方面。

一、中国特色社会主义道路与文化

道路问题是事关中国特色社会主义事业兴衰成败的首要问题。恩格斯曾指出:一个新的纲领毕竟总是一面公开树立起来的旗帜,而外界就根据它来判断这个党③。"走什么样的路"决定了中国的发展模式与路径选择。中国共产党坚持把马克思主义基本原理与中国实际相结合,成功地走出了一条中国特色社会主义道路。中国特色社会主义道路,就是在中国共产党领导下,立足基本国情,以经济建设为中心,坚持四项基

---

① 习近平. 继续进行具有许多新的历史特点的伟大斗争 [M] //习近平谈治国理政 (第三卷). 北京:外文出版社, 2020:70。
② 习近平. 紧紧围绕坚持和发展中国特色社会主义 学习宣传贯彻党的十八大精神 [M] //习近平谈治国理政 (第一卷). 北京:外文出版社, 2014:8。
③ 习近平. 加快建设社会主义法治国家 [M] //习近平谈治国理政 (第二卷). 北京:外文出版社, 2017:113。

本原则，坚持改革开放，解放和发展社会生产力，建设社会主义市场经济、社会主义民主政治、社会主义先进文化、社会主义和谐社会、社会主义生态文明，促进人的全面发展，逐步实现全体人民共同富裕，建设富强民主文明和谐的社会主义现代化国家[①]。中国特色社会主义道路是全面建成小康社会、推进社会主义现代化建设、实现伟大复兴的必由之路，是科学而合理的进步道路。只有中国特色社会主义道路才能引领中国走向繁荣富强。中国特色社会主义道路是实现社会主义现代化的必由之路，是创造人民美好生活的必由之路。党领导人民开创了道路并坚定地走在这条道路上，沉着应对国际国内不断出现的新形势新情况新矛盾新挑战，抓住机遇加快发展，取得了一个又一个胜利。历史无可争辩地证明，中国特色社会主义道路走得通、走得顺、走得对、走得好。这条道路走得通、走得顺，是因为它是从历史中走来的，有无穷的历史伟力蕴含其中。这是一条坚持历史传承、反对历史断裂的道路，是一条坚持历史唯物主义、反对历史虚无主义的道路，是一条一代接一代人接力开拓出来的道路，具有强大的历史前冲力。新中国成立后，我们党在学习研究苏联社会主义建设经验的过程中，清醒地察觉到了苏联模式的局限，提出以苏为鉴、走自己的路、独立自主地探索适合中国国情的社会主义建设道路，为新时期中国特色社会主义道路的开创提供了宝贵经验、理论准备、物质基础和制度条件。要深入了解中国特色社会主义的实践探索与道路选择须从文化层面进行深入解读。

  道路与文化互为条件。首先，道路的选择以文化为根由。数千年来中华民族的文明发展道路与其他地区民族的不同，习近平总书记指出这是由我国的历史传承和文化传统决定的，也由此为中国特色社会主义道路的形成奠定了深厚文化底蕴。十月革命一声炮响，给我们送来了马克思主义。马克思主义描绘了人类彻底解放的共产主义社会是中国走上社会主义道路而非其他什么道路的根本缘由。但中国的道路要与中国实际相结合。没有文化的积淀就没有道路的形成。2014年3月，习近平总书记指出："中国是实行中国特色社会主义的国家。独特的文化传统，独

[①] 中共中央文献研究室.十八大以来重要文献选编（上）[M].北京：中央文献出版社，2014：9-10。

特的历史命运，独特的国情，注定了中国必然走适合自己特点的发展道路。我们走出了这样一条道路，并且取得了成功。"① 中国传统文化决定了社会主义道路的选择要切合中国历史、中国人民，中国特色社会主义道路实践形态的生成逻辑与历史演进逻辑，离不开中华文化的传承与依托。

其次，道路的发展依靠文化进行调适。中国特色社会主义道路是在"摸着石头过河"、是在探索着前进的。社会主义道路是有明确目标指向的，需要不断地依靠文化来进行调适、选择以化解发展过程中出现的种种矛盾与冲突。中国特色社会主义道路不走封闭僵化的老路，也不走改旗易帜的邪路。文化是理解、认同与坚持中国特色社会主义道路的重要依托，也是坚定中国特色社会主义道路自信的理性表现。

再次，道路探索形成新时代文化，坚定文化自信。中国特色社会主义道路具有深刻的历史逻辑和厚重的文化底蕴。习近平总书记精辟概括说："中国特色社会主义不是从天上掉下来的，而是在改革开放40年的伟大实践中得来的，是在中华人民共和国成立近70年的持续探索中得来的，是在我们党领导人民进行伟大社会革命97年的实践中得来的，是在近代以来中华民族由衰到盛170多年的历史进程中得来的，是对中华文明5000多年的传承发展中得来的，是党和人民历经千辛万苦、付出各种代价取得的宝贵成果。"② 正是在这长期的历史探索中，道路一步步发展，文化一步步演化，形成了新时代文化。

最后，道路规定新时代文化发展。中国特色社会主义道路中包括文化道路。文化发展道路也是在中国特色社会主义这一方向下前进发展的。要坚定不移地走中国特色社会主义道路，以发展新时代文化。

二、中国特色社会主义理论体系与文化

改革开放40多年来，中国共产党带领中国人民探索和回答了"什

---

① 习近平. 出席第三届核安全峰会并访问欧洲四国和联合国教科文组织总部、欧盟总部时的演讲 [M]. 北京：人民出版社，2014：43。

② 习近平. 继续进行具有许多新的历史特点的伟大斗争 [M] //习近平谈治国理政（第三卷）. 北京：外文出版社，2020：70。

么是社会主义、怎样建设社会主义""建设什么样的党、怎样建设党""实现什么样的发展、怎样发展""坚持和发展什么样的中国特色社会主义、怎样坚持和发展中国特色社会主义"等重大理论和现实问题。党的十八大明确指出,中国特色社会主义理论体系,就是包括邓小平理论、"三个代表"重要思想、科学发展观在内的科学理论体系,是对马克思列宁主义、毛泽东思想的坚持和发展[①]。党的十九大将习近平新时代中国特色社会主义思想作为"全党全国人民为实现中华民族伟大复兴而奋斗的行动指南"[②]。中国特色社会主义理论体系是指导党和人民实现中华民族伟大复兴的正确理论,是立足时代前沿、与时俱进的科学理论。这一理论体系深深扎根于中国的改革开放和社会主义现代化建设的伟大实践中,生动地书写在中华民族伟大复兴的历史进程中,符合全体中国人民的根本利益,顺应时代潮流,具有鲜明的科学性和真理性。

中国特色社会主义理论体系决定着新时代文化前进方向和发展道路,具有人民性、科学性、先进性。中国特色社会主义理论体系是以人民为中心的理论。中国特色社会主义理论体系坚守马克思主义人民立场,强调人民性是马克思主义最鲜明的品格。这一理论强调我们党要始终把人民立场作为根本立场,把为人民谋幸福作为根本使命,坚持全心全意为人民服务的根本宗旨,贯彻群众路线,尊重人民主体地位和首创精神,始终保持同人民群众的血肉联系,凝聚起众志成城的磅礴力量。中国特色社会主义理论体系是理想信念的基础,是价值观念的根本指导,是道德情操、社会风尚的根基。必须加强理论武装,推动习近平新时代中国特色社会主义思想深入人心,使全体人民在理想信念、价值理念、道德观念上紧紧团结在一起,"筑牢信仰之基、补足精神之钙、把稳思想之舵"[③]。

理论如果缺失文化的涵养与积淀,就会失去生命力,就不可能被群众接受。而文化如果没有科学理论的支撑则就会失去了精气神,就很难

---

① 十八大以来重要文献选编(上)[M].北京:中央文献出版社,2014:9-10。
② 习近平.决胜全面建成小康社会,夺取新时代中国特色社会主义伟大胜利[M]//习近平谈治国理政(第三卷).北京:外文出版社,2020:16。
③ 习近平.不断增强"四个意识"、坚定"四个自信"、做到"两个维护"[M]//习近平谈治国理政(第三卷).北京:外文出版社,2020:88。

长期地存在与发展。

文化是理论的背景。任何理论的创立与发展，不仅要以本国的历史和现实为基础，也要以本国的文化传统为源头。在中国特色社会主义理论体系中，博大精深的中华文化积淀的思想精华、思维方式、价值追求得到再次展开，并被充分融会贯通，赋予新的时代精神，成为促进中国特色社会主义发展的重要思想元素。善于吸收中外一切思想文化成果是中国特色社会主义理论发展的重要思想资源。理论的发展从改革开放开始就汲取了马克思主义指导思想、传统文化精髓与西方优秀思想资源。

文化是理论的源泉。中国特色社会主义理论体系之所以具有民族"特色"，在于对马克思主义并不是拿来主义，而是将马克思主义和中华文化紧密结合的过程中形成了中国特色社会主义理论，推动了马克思主义中国化进程。中国文化传统已经融化在中国人的血脉之中，成为中国人民世代相传的文化基因并在新时代实现创造转换和创新发展。例如，作为中国特色社会主义理论体系精髓与灵魂的"实事求是"，是传统文化倡导的"修学好古、实事求是""致知力行、学以致用"精神的升华；构建社会主义和谐社会、构建人类命运共同体的思想，是中华文化"贵和持中"的升华超越；"以人为本"的理念，是"民本"思想的传承发展；改革创新中"自强不息、艰苦奋斗"的进取精神，是"天行健，君子以自强不息""地势坤、君子以厚德载物"民族精神的秉承，等等。

三、中国特色社会主义制度与文化

中国特色社会主义制度是科学社会主义基本原则和中国实际与时代特征相结合的产物，集中体现了中国特色社会主义的特点和优势，体现了人类文明发展的潮流和趋势，是当代中国社会发展进步的根本制度保障。党的十八大明确界定了中国特色社会主义制度的内涵：中国特色社会主义制度，就是人民代表大会制度的根本政治制度，中国共产党领导的多党合作和政治协商制度、民族区域自治制度以及基层群众自治制度等基本政治制度，中国特色社会主义法律体系，公有制为主体、多种所有制经济共同发展的基本经济制度，以及建立在这些制度基础上的经济体制、政治体制、文化体制、社会体制等各项具体制度①。"中国特色社会主义制度是以马克思主义为指导、植根中国大地、具有深厚中华文化根基、深得人民拥护的制度和治理体系,是党和人民长期奋斗、接力探索、历经千辛万苦、付出巨大代价取得的根本成就"②,是当代中国发展进步的根本保证③。习近平总书记指出:"我们党把马克思主义基本原理同中国具体实际结合起来,在古老的东方大国建立起保证亿万人民当家作主的新型国家制度,使中国特色社会主义制度成为具有显著优越性和强大生命力的制度,保障我国创造出经济快速发展、社会长期稳定的奇迹,也为发展中国家走向现代化提供了全新选择,为人类探索建设更好社会制度贡献了中国智慧和中国方案。"④ 制度需要文化的支撑,一种新的社会制度必然要求确立更高层次文化形态与之相匹配,为制度的成熟定型提供精神动力与智力支撑。

制度与文化相辅相成、相得益彰。首先,中国特色社会主义制度的形成与完善需要文化的指引。一个国家实行什么样的制度、选择什么样的模式和发展道路,归根结底取决于这个国家的具体国情和历史文化条件。中国特色社会主义制度也是以马克思主义科学理论为指导,继承和弘扬中华民族优秀政治文化,借鉴吸收人类政治文明的优秀成果,经过长期实践探索逐步建立和发展起来的,"是马克思主义基本原理同中国具体实际相结合的产物,是理论创新、实践创新、制度创新相统一的成果,凝结着党和人民的智慧,具有深刻的历史逻辑、理论逻辑、实践逻辑"⑤。"中国特色社会主义制度和国家治理体系具有深厚的历史底蕴。在几千年的历史演进中,中华民族创造了灿烂的古代文明,形成了关于

---

① 中共中央文献研究室. 十八大以来重要文献选编(上)[M]. 北京:中央文献出版社,2014:9-10。
② 习近平. 坚持和完善中国特色社会主义制度、推进国家治理体系和治理能力现代化[M]//习近平谈治国理政(第三卷). 北京:外文出版社,2020:121。
③ 习近平. 关于《中共中央关于坚持和完善中国特色社会主义制度、推进国家治理体系和治理能力现代化若干重大问题的决定》的说明[M]//习近平谈治国理政(第三卷). 北京:外文出版社,2020:109。
④ 新华社. 习近平在中央政治局第十七次集体学习时强调继续沿着党和人民开辟的正确道路前进 不断推进国家治理体系和治理能力现代化[J]. 旗帜,2019(10):5-6。
⑤ 习近平. 坚持和完善中国特色社会主义制度、推进国家治理体系和治理能力现代化[M]//习近平谈治国理政(第三卷). 北京:外文出版社,2020:119。

国家制度和国家治理的丰富思想。"① 这些思想是传统文化的重要组成部分，也是中华民族精神的重要内容。马克思主义传入中国后，同优秀历史文化和价值观念融通。共产党成立后，制度渐渐得以开创和发展。总之，中国制度是以马克思主义为指导、植根中国大地、具有深厚中华文化根基、深得人民拥护的制度和治理体系，是党和人民长期奋斗、探索、付出巨大代价的成就，必须坚持发展。

"中国特色社会主义制度……还不是尽善尽美、成熟定型的……也需要不断完善。"② 制度的落实需要贴合群众文化、贴近生活风尚。制度是文化观念的现实表达，表征了制度建构主体的方向、目标、愿景、价值取向等精神层面的理念。中国根据自身的历史特点、民族特色和文化传统构建的社会主义市场经济体制、中国特色社会主义协商民主制度、基层群众自治制度、中国特色社会主义法律体系等，既遵循了科学社会主义的基本原则，又符合中国的历史文化和基本国情。中国特色社会主义文化形态蕴含的改革创新精神推动了社会主义制度的完善。文化的先进性主要表现为制度的进步性。某一社会制度的创立发展是经济、社会、文化多种因素合力的结果，而文化发挥了特殊功能。改革开放40多年来，正是在不断更新价值理念的进程中，加深对社会主义的认识，在民族文化与现代制度的协调互动中推动中国特色社会主义制度的逐步完善、成熟和定型。中国特色社会主义的成功实践印证了中国方案的制度优势，也彰显了中国特色社会主义文化的独特魅力。

制度为文化发展提供保障。中国特色社会主义制度就是根据国情、世情选择的优良制度，为中国特色社会主义文化发展提供了制度保障。要加强文化领域体制建设，举旗帜、聚民心、育新人、兴文化、展形象，积极培育和践行社会主义核心价值观，推动中华优秀传统文化创造性转化、创新性发展，传承革命文化、发展先进文化，努力创造光耀时

---

① 习近平. 坚持和完善中国特色社会主义制度、推进国家治理体系和治理能力现代化 [M] // 习近平谈治国理政（第三卷）. 北京：外文出版社，2020：119。
② 中共中央文献研究室. 十八大以来重要文献选编（上）[M]. 北京：中央文献出版社，2014：75。

代、光耀世界的中华文化①。此外，中国特色社会主义制度还利用自身优势不断突破文化发展的瓶颈。创建落实一系列政策制度来指导规范文化事业产业的发展。中国特色社会主义的制度优势使得中国文化的发展更为自信。制度所讲求的公平正义、所蕴含的恭良友善、所提倡的自由法治等都是当代新文化理念。所以要坚定不移地维护中国特色社会主义制度以发展新时代文化。维护中国特色社会主义制度就是要坚持制度自信，认清"制度优势是一个国家的最大优势，制度竞争是国家间最根本的竞争"②。只有以文化的视角去真正理解制度、维护制度，制度才能真正发挥它的作用。"只有在社会主义制度下，以马克思主义为指导的中国文化，才能以其特有的科学性和价值性，在与社会主义经济和政治相互渗透中成为综合国力的一部分。"文化需要制度来体现和规范，制度需要文化来引领和推动。

四、中国特色社会主义道路、理论、制度与文化的相互作用

在十八届中央政治局第一次集体学习时的讲话中，习近平总书记指出："中国特色社会主义道路、理论体系、制度'三位一体'构成的。"③ 在党的十九大报告中习近平总书记将"三位一体"拓展为"四位一体"，明确中国特色社会主义由"道路、理论、制度、文化"构成，是中国特色社会主义的本质要素。其中，中国特色社会主义道路，是马克思主义中国化的当代实践彰显和实践经验总结，它立足于社会主义初级阶段基本国情，反映时代潮流和中国特色，是实现社会主义现代化、创造人民美好生活的必由之路。中国特色社会主义理论体系，是马克思主义中国化的最新理论成果，是发展着的当代中国的马克思主义，是武装全党、教育人民的思想理论武器，是指导党和人民实现中华民族伟大

---

① 习近平.习近平在庆祝改革开放40周年大会上的讲话［N］.人民日报，2018－12－19（2）.
② 习近平.坚持和完善中国特色社会主义制度、推进国家治理体系和治理能力现代化［M］//习近平谈治国理政（第三卷）.北京：外文出版社，2020：119.
③ 中共中央文献研究室.十八大以来重要文献选编（上）［M］.北京：中央文献出版社，2014：74.

复兴的正确理论和行动指南。中国特色社会主义制度,是中国特色社会主义事业的根本制度保障,是具有鲜明中国特色、明显制度优势和强大自我完善能力的先进制度,从经济、政治、文化、社会、生态文明等诸多方面为当代中国的前进发展提供制度保证。中国特色社会主义文化是中国特色社会主义道路、理论体系、制度的深层积淀和价值彰显,它为中国特色社会主义提供价值定力和精神动力,是激励全党全国各族人民奋勇前进的强大精神力量。"实践证明我们的道路、理论体系、制度是成功的。"[①]

中国特色社会主义道路、理论、制度、文化,统一于中国特色社会主义伟大实践之中。一方面,中国特色社会主义道路、理论、制度与文化具有共同指向。首先,四个要素的本质属性相同,即集中体现了马克思主义的基本立场、观点和方法;体现了尊重人民群众的历史主体地位、坚持以人民为中心的根本政治立场;体现了坚持辩证唯物主义和历史唯物主义的世界观与方法论,以及注重理论与实践紧密联系、双向互动、双重创新的根本方法;体现了正确处理目标的长远性与发展的阶段性之间的关系,坚持党的最高纲领与最低纲领的辩证统一。其次,它们的现实定位与历史使命相同。当今中国仍然处于并将长期处于社会主义初级阶段,即不平衡不充分发展的矛盾突出,社会矛盾和问题交织叠加,这些都是其共同的现实基础。在中国共产党的领导下,联系世情、立足国情、结合民情,坚持和发展中国特色社会主义,建设富强、民主、文明、和谐、美丽的社会主义现代化国家,实现中华民族伟大复兴的中国梦,是全国各族人民共同的历史使命。最后,它们的生成路径和发展指向相同,即都是马克思主义基本原理与中国具体实际和时代特征相结合的产物,都是把"以人为本""以人民为中心""全心全意为人民服务""实现人的自由全面发展和共产主义"作为其共同的价值旨归和奋斗目标。另一方面,中国特色社会主义道路、理论、制度与文化是相互联系、相互作用的。首先,道路探索是形成科学理论、合理制度、先进文化的前提和基础,没有对中国特色社会主义道路的艰辛探索及其

---

① 习近平. 提高国家文化软实力 [M] // 习近平谈治国理政(第一卷). 北京:外文出版社, 2014: 161。

实践经验的科学总结，就不可能形成中国特色社会主义理论体系和中国特色社会主义制度，也不可能坚定中国特色社会主义文化自信。历史经验证明，道路问题是事关党和国家前途命运的重大问题，道路走对了，中国革命、建设和改革开放事业就会顺利发展、取得成功；而道路走错了，中国革命、建设和改革开放事业就会遭受挫折，甚至陷入失败。理论体系是道路、制度、文化的理论提炼和升华，是中国特色社会主义的核心和灵魂。理论的源泉在于丰富的实践，理论的价值通过指导实践活动得到彰显。不进行理论总结的实践，是不重视经验价值的实践；没有理论作指导的实践，是盲目的实践。理论体系对道路进行经验总结和价值指引，为制度提供内在依据，是文化的核心和灵魂。制度是道路探索与理论探索取得的成果积淀，是道路和理论体系的规范化成果和稳固化载体，它是道路的制度依据、理论内涵的制度表现、文化的制度属性，并为道路、理论体系、文化提供根本保障。文化则是坚持和发展道路、理论体系、制度规范的精神动力和价值定力，是对旗帜、道路、理论体系、制度的心理认同和价值信仰。其次，中国特色社会主义实践形态、理论形态、制度形态、文化形态具有各自的特点和功能，它们互相联系、互相作用，构成中国特色社会主义基本形态的有机整体。而文化形态始终贯穿于实践探索、理论发展和制度完善之中，发挥着十分重要的作用。国家民族的强盛总以文化兴盛为支撑，中华民族伟大复兴须以文化繁荣为条件。道路、理论、制度的形成，本身就是文化积淀的结果。如前所述，道路是必由之路，理论是科学理论，制度是先进制度，文化是精神标识。新时代文化积淀着精神追求，代表精神标识，是强大精神力量[①]，在中国特色社会主义道路、制度、理论的实现中发挥了重要作用，这一点，理论与实践都证明了。实现中华民族伟大复兴，必须坚定中国特色社会主义道路自信、理论自信、制度自信、文化自信[②]。其中文化自信，通过振奋民心、统一思想、凝聚力量，来坚持和发展中国特

[①] 习近平. 弘扬伟大长征精神，走好今天的长征路 [M]//习近平谈治国理政（第二卷）. 北京：外文出版社，2017：52.

[②] 习近平. 要有高度的文化自信 [M]//习近平谈治国理政（第二卷）. 北京：外文出版社，2017：349.

色社会主义。建设中国特色社会主义总体布局是"五位一体",文化建设就是其中一位,文化发展是中国特色社会主义建设的一个要求①。文化发展是中国特色社会主义的总任务之一。发展中国特色社会主义是一项长期而艰巨的历史任务,除了持有更加坚定的信念、更加顽强地努力别无他法,其中更要认识和把握好道路、理论、制度与文化之间的关系。

---

① 习近平. 紧紧围绕坚持和发展中国特色社会主义 学习宣传贯彻党的十八大精神[M]//习近平谈治国理政(第一卷). 北京:外文出版社,2014:10。

第五章

新时代文化发展的使命与路径

反思是为了更好地建构,反思新时代文化发展的价值取向、原则方法旨在更好地提出文化发展的使命、选择文化发展的路径。发展新时代文化犹如过河,"但是没有桥或没有船就不能过。不解决桥或船的问题,过河就是一句空话"①。因此,在确定了新时代文化发展的目标、规律、原则、方法的基础上,要站在时代前沿、创新内容载体、改进方式方法,推进新时代文化发展。

第一节 推进马克思主义中国化时代化大众化

在2016年的哲学社会科学工作座谈会上习近平总书记指明了我国哲学社会科学的重要任务之一便是"继续推进马克思主义中国化、时代化、大众化,继续发展21世纪马克思主义、当代中国马克思主义"②。马克思诞辰200周年大会上,习近平总书记又指出,马克思主义理论具备科学性、人民性、实践性与发展性。"一部马克思主义发展史就是马克思、恩格斯以及他们的后继者们不断根据时代、实践、认识发展而发展的历史,是不断吸收人类历史上一切优秀思想文化成果丰富自己的历史。"③要推进马克思主义中国化,使马克思主义日益与中国实际相结合、与中国国情相贴切,能够进一步指导中国文化发展;要推进马克思主义时代化,使马克思主义进一步与时代潮流、世界趋势相符合,能够

---

① 毛泽东. 毛泽东选集(第一卷)[M]. 北京:人民出版社,1991:125。
② 习近平. 在哲学社会科学工作座谈会上的讲话[N]. 人民日报,2016-5-19(2)。
③ 习近平. 在纪念马克思诞辰200周年大会上的讲话[M]. 北京:人民出版社,2018:9。

进一步指导新时代文化发展;要推进马克思主义大众化,使马克思主义进一步与群众生活相贴近、与大众实际相吻合,能够进一步渗透新时代文化生活。

推进马克思主义中国化时代化大众化有其必然性、必要性、可能性。第一,推进马克思主义中国化时代化大众化是历史与现实的要求。实践证明,坚持马克思主义指导才能救中国、发展中国。毛泽东说过,马克思列宁主义给中国人的精神带来了曙光,使得中国人的精神变为了主动精神,中国精神的觉醒使得近代世界看不起中国文化的历史从此完结[1]。只有掌握科学理论才能把握正确前进方向。要坚持马克思主义基本原理同中国具体实际相结合,坚定不移走符合中国国情的革命、建设、改革道路[2]。当今时代更需要我们进一步坚持和发展马克思主义。马克思主义基本原理是普遍真理,坚持和发展社会主义会提出新的课题,需要我们理论上作出回答,需要我们总结新鲜经验,开辟马克思主义中国化时代化新境界。第二,发展马克思主义才能更好地坚持马克思主义。习近平总书记指出,坚持马克思主义,坚持社会主义,一定要有发展的观点[3]。马克思主义的真理性就在于马克思主义是随着时代的发展、随着实践的发展而科学发展的,止步不前从来都不是马克思主义的品性。时代要求马克思主义发展必须跟上时代、与时俱进才能长盛不衰。

推进马克思主义中国化、时代化、大众化就要立足现实实践,与中国国情实际相结合;就要站在当代人类实践发展的最前沿,要反映当代精神的精华,揭示人类实践发展新规律,解答实践所提出的紧迫的时代理论与现实问题。用马克思主义的立场、观点和方法分析和研究当今人类实践发展的新特点和新趋势,科学揭示共产党执政规律、社会主义建设规律特别是中国特色社会主义建设的新规律、人类社会发展规律,是发展21世纪马克思主义、当代中国马克思主义的重大历史任务。就要站在科学发展的最前沿,与科学与时俱进,引领哲学和社会科学发展进

---

[1] 毛泽东. 毛泽东选集(第四卷)[M]. 北京:人民出版社,1991:1516。
[2] 习近平. 弘扬伟大长征精神,走好今天的长征路[M]//习近平谈治国理政(第二卷). 北京:外文出版社,2017:51。
[3] 习近平. 毫不动摇坚持和发展中国特色社会主义[M]//习近平谈治国理政(第一卷). 北京:外文出版社,2014:23。

步。"要根据时代变化和实践发展，不断深化认识，不断总结经验，不断实现理论创新和实践创新良性互动，在这种统一和互动中发展 21 世纪中国的马克思主义。"① 要推进马克思主义大众化。引领大众加强学习马克思主义与中国特色社会主义理论体系，使得马克思主义特别是中国化马克思主义深入人心。要采用大众喜闻乐见的方式宣传马克思主义，例如，习近平总书记就"善于运用中国文化智慧，用真诚坦率、生动风趣的语言来讲清道理，化解疑虑"②。用大众能接受的方式、喜爱接受的渠道、能听懂的话语来宣传马克思主义。

第二节 培育和践行社会主义核心价值观

社会主义核心价值观即二十四字方针，培育和践行社会主义核心价值观是执行贯彻二十四字方针，使社会主义核心价值观深入人心。为提高人民的精神素养、提升国家的软实力，党的十八大从中国特色社会主义的高度出发，首次提出这一战略任务。党的十九大再次从国家高度出发，强调培育和践行社会主义核心价值观，以便提供人民精神食粮、指引人民正确前行。报告肯定了社会主义核心价值观的地位——集中体现当代中国精神、凝结人民共同价值诉求；指出了社会主义核心价值观的内涵——培养时代新人；表明了社会主义核心价值观的作用——引领人民的情感、转化为人民习惯③。

培育和践行社会主义核心价值观有其必然性、必要性。培育和践行社会主义核心价值观是由我国的历史文化条件决定的。在认识自然、改造自然的生产活动之中，人们形成自己区域的文化，在其文化之中饱含着这个民族的核心价值观。世界上充满着大大小小的人类活动区域，每

---

① 中共中央文献研究室. 十八大以来重要文献选编（下）[M]. 北京：中央文献出版社，2018：377。
② 习近平. "人民群众是我们力量的源泉"——记中共中央总书记习近平 [M] //习近平谈治国理政（第一卷）. 北京：外文出版社，2014：443。
③ 习近平. 决胜全面建成小康社会，夺取新时代中国特色社会主义伟大胜利 [M] //习近平谈治国理政（第三卷）. 北京：外文出版社，2020：33。

一个区域的风土不同，人情也各异。因此，由于自然条件与历史发展的相异，不同的民族产生了不同的民族文化，也形成了自己本土的核心价值观。这既是历史形成的，也是历史演绎的，更是能塑造不同历史的。核心价值观的培育与新时代文化发展有着紧密的联系。培育和践行社会主义核心价值观对个人、社会、国家有着重大的作用。社会主义核心价值观把个人、社会、国家三个层面的价值追求包含在内了，它从各个层面对社会主义文化建设进行了指导，将个体性、时代性、世界性的特点融为一体。历史与时代现实告诉我们，强大的核心价值观能够发挥维稳作用，稳定社会与国家，反之薄弱的核心价值观则会消解社会、国家的稳固性，不利于国家的久安长治。随着组织规模的扩大，价值观会被稀释，不同"声音"出现的可能性及概率会逐渐上升。在这种情况下，进一步培育和践行社会主义核心价值观才能加固社会整体架构，使得社会公民能够同心协力促进社会正常前行、社会系统有效运作。社会主义核心价值观的强大是建构强盛国家的基础。中华民族伟大复兴是培育社会主义核心价值观的目标①。推进国家治理体系和治理能力现代化也需要大力培育和弘扬核心价值观②。认定、守护并执行社会主义核心价值观是增强四个自信最深沉的力量来源，践行社会主义核心价值观才是真正实践中国特色社会主义，才能实现我们的发展目标、我们的中国梦。

2013年12月，《关于培育和践行社会主义核心价值观的意见》针对培育和践行社会主义核心价值观发布了实践路径的总纲领：要在教育之中、经济发展之中、社会治理之中培育和践行社会主义核心价值观，在实践活动之中涵养社会主义核心价值观。党的十九大进一步指出要将社会主义核心价值观的培育融入人的培育之中，通过教育培养、生活实践与外在制度来规范人的行为、培育新时代人。

培育和践行社会主义核心价值观要发挥文化的重要作用，立足于中华优秀传统文化，从传统文化中汲取丰富营养。习近平总书记指出：

---

① 习近平.青年要自觉践行社会主义核心价值观［M］//习近平谈治国理政（第一卷）.北京：外文出版社，2014：169。
② 习近平.不断提高运用中国特色社会主义制度有效治理国家的能力［M］//习近平谈治国理政（第一卷）.北京：外文出版社，2014：106。

"培育和弘扬社会主义核心价值观必须立足中华优秀传统文化。"① 中华优秀传统文化作为社会主义核心价值观的根本,如果被丢弃、被置之不理,那么就等于放弃了自身的精神根基,也就无法在激荡变幻的世界文化中立足。中华优秀传统文化是社会主义核心价值观的母体,社会主义核心价值观是中华优秀传统文化的延伸与表达。古代"格物致知""诚心正意""修齐治平"的文化思想衍化出社会主义核心价值观;优秀传统文化中"讲求仁爱、重视民本、崇尚正义、追求大同"的价值思想直指社会主义核心价值观中"友善、诚信、公正、和谐"等价值理念。因此,要认真汲取优秀传统文化的思想精髓、详细学习中国传统文化的优秀资源,使得核心价值观得到传统文化的涵养。详细来讲,中华优秀传统文化的过去、现在与发展趋向都要了解清晰,其中的独特创造、鲜明特色都要烂熟于心,如此才能丰富社会主义核心价值观的生命力。培育和践行社会主义核心价值观,要把社会主义核心价值观贯通在人们的生活实践之中。要立足于社会主义实践,将核心价值观与日常生活相结合,落实到小处、落实到细处、落实到实处。价值观要真正起作用,就"必须要融入社会生活,让人们在实践中感知它、领悟它"②。通过树立榜样、积极教育,将抽象的词汇转化为实在的对象,使得价值观的践行有所依据。运用各类文化形式,增加高质量的文化作品,使得价值观教育融入人们生活的方方面面。针对各行各业,要健全规章制度与行为准则,使得工作生活遵循社会主义核心价值观。面对不同年龄群体,采取不同的价值观培育手段。少儿应当以加强引导教育为主,青少年应当强调自身的学习与培养。总的说来,就是要利用各式各样的时机、场合,让人们从小耳濡目染核心价值观,在充斥着核心价值观的氛围中长大、成长。培育和践行社会主义核心价值观,要发挥政策导向作用。"要发挥政策导向作用,使政治、经济、文化、社会等方方面面政策都有利于

---

① 习近平. 培育和弘扬社会主义核心价值观 [M] //习近平谈治国理政(第一卷). 北京:外文出版社,2014:163-164。
② 习近平. 培育和弘扬社会主义核心价值观 [M] //习近平谈治国理政(第一卷). 北京:外文出版社,2014:165。

社会主义价值观的培育。要用法律来推动核心价值观建设。"① 政策导向要涉及各级社会管理机构，明确各个级层的责任，鼓励符合社会主义核心价值观的行为、制约违背社会主义核心价值观的做法。价值观的践行不要空对空，具体诚信、敬业等指标都可以一定程度地制度化、奖惩化。虽然抽象的精神存在难以用数字去准确衡量，但在一定程度上可以用指标测评。加强宣传交流工作、加强提炼与阐释，使得社会主义核心价值观念传播到世界角落，可以走出中国、走向世界。

第三节 培育国民的人文精神与科学精神

培育科学精神即追求真理、相信真理的理性主义精神。人文精神则与科学精神相比较而言，更趋向于是一种感性主义精神，表现为人类的自我关怀、关怀他人与关怀世界，是人类对尊严、价值、命运等的追求与关切。精神是一个民族赖以长久生存的灵魂，唯有到达一定高度的精神高峰，民族或者国家才能屹立长存②。伟大时代呼唤伟大精神③。"每个时代都有每个时代的精神。"④ 新时代就要培育符合新时代特质的科学精神与人文精神，继续进行具有许多新的历史特点的伟大斗争。

培育国民的科学精神与人文精神，要大力发展科学与人文社会科学，提升国民的科学品质与人文气质。习近平总书记反复强调要实施科教兴国战略，努力把中国建成世界主流的、一流的科技高地。强调加强学习，自觉学习各种科学文化知识，依靠学习走向未来。培育国民的科学精神与人文精神，要坚持科学精神与人文精神并重。近代西方理性主义兴起，但科学技术作为改造自然的手段，具有物质文化和精神文化的

---

① 习近平. 培育和弘扬社会主义核心价值观 [M] //习近平谈治国理政（第一卷）. 北京：外文出版社，2014：165。
② 习近平. 在纪念红军长征胜利八十周年大会上的讲话（单行本）[M]. 北京：人民出版社，2016：9。
③ 习近平. 为实现中国梦凝聚有力道德支撑 [M] //习近平谈治国理政（第一卷）. 北京：外文出版社，2014：159。
④ 习近平. 青年要自觉践行社会主义核心价值观 [M] //习近平谈治国理政（第一卷）. 北京：外文出版社，2014：168。

双重性，因此要重视人文精神。当下的西方世界是一个重科学技术而轻道德情操的世界，人类的科学文化在现代迎来了它的黄金时期，这种无所不在的技术理性正演变为现代人的思维定式，科学精神的核心慢慢变质异化。科学精神应当是人类通过自身的力量来改变自然以造福人类自身，使得人类可以更为和谐地与自然共同生存、相处。科技自信不能上升至科技崇拜。在人类一切问题与困难面前，科技思维定式相信只要依靠科技就能创造理性的人类社会并能同时建立起合乎至善道德的社会。沉迷于科技进步带来的物质实惠，会使人们看不到科技无法全然解决道德问题。正如海德格尔所呐喊的那样，在技术泛滥的、数据爆发的科技时代，人类还能有诗意的生存家园吗？怎样才能有这般家园呢？[①] 培育国民的科学精神与人文精神，就要使得科学精神进一步成为日常经验、人文精神进一步上升为思维理念。

第四节　创新发展中国传统文化

创造转化、创新发展中国传统文化，实质上是对传统文化进行"重塑"与"新塑"。"重塑"是指对于传统文化中那些积极的、有价值的内容加以转化发展，使之能够与现时代的实践要求相适应。"新塑"是指对于传统文化要创新发展，以传统文化为根基发展现时代文化，使得优秀传统文化走入现时代文化，拥有现时代文化的表达内涵与外在形态，"变身"为现实文化，共同服务于新时代，从而为实现中国梦提供重大精神支撑。进一步讲，创造性转化重点在于"转化"二字；创新性发展重点在于"发展"二字。所谓创造性转化指的是根据时代的变化和要求，对那些落伍的、过时的文化进行转化；而创新性发展则是对那些形式上比较老旧、但内容是值得肯定的文化进行改造，使之与新时代相匹配，符合新时代的表达方式。要"加强对中华优秀传统文化的挖掘和阐发，努力实现中华传统美德的创造性转化、创新性发展，把跨越时

---

① 海德格尔. 海德格尔选集 [M]. 孙周兴, 译. 上海：上海三联书店, 1996：294-295。

空、超越国度、富有永恒魅力、具有当代价值的文化精神弘扬起来,把继承优秀传统文化又弘扬时代精神、立足本国又面向世界的当代中国文化创新成果传播出去"①。

创造转化创新发展中国传统文化具有必然性。"文化是一个国家、一个民族的灵魂。历史和现实都表明,一个抛弃了或者背叛了自己历史文化的民族,不仅不可能发展起来,而且很可能上演一幕幕历史悲剧。"② 因此,民族自身的历史文化对于它来说并不是随着过去就消散、消失的东西,就文化本身的特征而言,我们也知道,历史文化是对现实、对未来有影响力的东西,是我们必须与现实加以联系、加以品味、加以运用的富有生命力的东西。有影响力指的是传统文化至今有它的作用与价值,对此,习近平总书记曾言,中华文化积淀着精神追求,是中华民族的丰厚滋养,其中优秀传统文化是突出优势,是深厚文化软实力。因此,中华民族吮吸着历史文化养分来走自己的独特道路,既有着别国无可比拟的历史优势,又有着广阔的前进天地。中国传统文化中的优秀资源,至今能为我们所用,其中包含的丰富资源、思想价值对当代中国发展有着积极作用。传统文化是建筑在传统的经济和政治之上的,随着经济和政治的变迁,文化也不可避免要发生相应改变,以适应新时代、适应新时代的经济与政治。为了使传统文化精华能够继续发挥积极作用,就需要对其进行改造与转化。传统文化尽管对于今天的人们有着重要性,但还必须看到,传统文化毕竟是在古代社会中创造出来的,与过去的政治、经济相适应,因此其中除了优质的内容,也有许多与现代不相匹配、应当被淘汰的内容。"传统文化在其形成和发展过程中,不可避免会受到当时人们的认识水平、时代条件、社会制度的局限性的制约和影响,因而也不可避免会存在陈旧过时或已成为糟粕的东西。"③ 因此面对陈旧过时或已成为糟粕的文化,我们当然不应该拿来使用,要坚

---

① 习近平. 不断提高运用中国特色社会主义制度有效治理国家的能力[M]//习近平谈治国理政(第一卷). 北京:外文出版社,2014:106。

② 习近平. 要有高度的文化自信[M]//习近平谈治国理政(第二卷). 北京:外文出版社,2017:349。

③ 习近平. 努力实现传统文化创造性转化、创新性发展[M]//习近平谈治国理政(第二卷). 北京:外文出版社,2017:313。

持有区别的对待、有选择地扬弃,在这一基础之上,转古为今、变古为今,努力实现优质传统文化的转化发展。"这就要求人们在学习、研究、应用传统文化时坚持古为今用、推陈出新,结合新的实践和时代要求进行正确取舍,而不能一股脑儿都拿到今天来照套照用。要坚持古为今用、以古鉴今,坚持有鉴别的对待、有扬弃的继承,而不能搞厚古薄今、以古非今,努力实现传统文化的创造性转化、创新性发展,使之与现实文化相融相通,共同服务以文化人的时代任务。"[1] 因此,传统文化只有经过创造性转化、创新性发展,使之适应现时代中国文化发展,才能得到传承、延续生命、永葆活力。这是传统文化创造性转化、创新性发展的又一个根据。

那么,传统文化的创造性转化、创新性发展能否实现呢?对于这一点,习近平总书记做了大量的论述。他指出,我们今天是能够对古代文化加以正确鉴别、加以正确取舍,实现古为今用、推陈出新的。习近平总书记指出:"中华文明源远流长,蕴育了中华民族的宝贵精神品格,培育了中国人民的崇高价值追求。自强不息、厚德载物的思想,支撑着中华民族生生不息、薪火相传,今天依然是我们推进改革开放和社会主义现代化建设的强大精神力量。"[2]例如,在阐释社会主义核心价值观时,习近平总书记就说过,这二十四字不仅仅是当代人民对美好生活的夙愿,也是古代人民的思想智慧结晶。社会主义核心价值观凝结了中华儿女从古至今的价值追求。例如,不懈奋斗等的思想至今指导着我们建设社会主义现代化。所以,传统文化创造性转化、创新性发展的依据是齐全而完备的。

"要处理好继承和创造性发展的关系,重点做好创造性转化和创新性发展。"[3] 要对传统文化进行评价、鉴别、取舍,"使中华民族最基本的文化基因与当代文化相适应、与现代社会相协调"[4]。创造转化和创新

---

[1] 习近平.努力实现传统文化创造性转化、创新性发展[M]//习近平谈治国理政(第二卷).北京:外文出版社,2017:313。

[2] 习近平.为实现中国梦凝聚有力道德支撑[M]//习近平谈治国理政(第一卷).北京:外文出版社,2014:158。

[3] 习近平.培育和弘扬社会主义核心价值观[M]//习近平谈治国理政(第一卷).北京:外文出版社,2014:164。

[4] 习近平.提高国家文化软实力[M]//习近平谈治国理政(第一卷).北京:外文出版社,2014:161。

发展中国传统文化,"要坚持古为今用、以古鉴今,坚持有鉴别地对待、有扬弃地继承,而不能搞厚古薄今、以古非今"①。要挖掘传统文化中与现代相适应的优秀因素,以表达中华民族特有的民族性格和民族精神,使今天的中国人从中得到启示、受到教益、提升境界,也使世界其他民族、其他国家的人们由此了解今天的中国。在那些对中国历史文化、对中国人精神生活发生重要作用的传统文化因素中,要注重发掘与社会主义核心价值观有关联的内容,以此作为社会主义核心价值观的重要思想来源,使社会主义核心价值观能够获得最广大的中国人的认同和践行。对中国历史文化、对中国人精神生活发挥了重要作用的传统文化因素,要注重发掘其中具有人民性的内容。文化从来都是与最广大人民的实际生活密不可分的,深挖这些文化因素能够促进新时代文化建设更加以人民为中心,发展成为最符合广大人民根本利益的文化。

第五节 推进文化事业与产业的繁荣发展

文化产业是一个朝阳产业。现代社会的科技在不断喷薄发展,科技与文化的结合使得文化产业也在飞速发展,从事文化产业的工作者不断增加,这使得文化产业成为一个巨大的蓄水池,必须格外重视。新时代要高质量、高效益发展就离不开文化事业产业的升级发展,通过完备的文化市场体系推动文化事业产业发展壮大,增加高质量文化产品、活动的供给量,增强人民幸福度。

文化事业与产业的发展繁荣有其科学依据。文化产业既是促进经济发展、社会高质量进步的新抓手,又能够满足人民的美好幸福生活需求。文化产业的发展是转变经济发展方式、调整经济发展结构、提高发展质量和效益、符合发展新理念、贴近发展新格局的新兴发展形势。只有通过文化事业产业的改革发展,才能释放潜力巨大的文化消费,促进国内大循环,满足人民群众对美好生活的需要。文化事业产业通过多样

---

① 习近平. 努力实现传统文化创造性转化、创新性发展[M]//习近平谈治国理政(第二卷). 北京:外文出版社,2017:313。

化的形式，多层面多渠道地为经济增长带来动力，这是由文化本身多样的特性决定的。从促进大学生灵活就业到返乡农民工就地创业，从铺天盖地的中小文化企业到顶天立地的骨干企业，从非遗扶贫到旅游扶贫，从互联网的内容创作者到平台的文化生态和共享经济，文化产业的发展激发社会创造力，有利于形成创作多样、个性化的文化产品；有利于形成新的消费热点，促进文化消费升级；有利于带动就业，拉动经济增长。文化事业从公共事业和公共服务层面推动文化发展惠及百姓。物质生活的提高当然能够给百姓带来充沛的食物、温暖的居所、舒适的环境等，但百姓的幸福生活也离不开精神文化的熏陶。在公共文化服务体系、群众性的文化活动等领域，文化事业起着持续推动的关键作用。文化产业从市场经济层面为促进文化的生产和创新、培育新型文化业态提供动力。如在动漫产业、电影产业、娱乐产业、图书出版行业等领域，文化产业在促进文化生产要素流动和优化配置、调动文化从业者积极性和创造性方面有极大的激励作用。从整体上说，文化事业产业能够为"中国故事"提供广阔空间，传播中国文化软实力除了"故事"本身的营养与素材之外还需要传播媒介，而且是强大的传播媒介与传播平台。

改革开放40多年来的文化发展经验告诉我们，文化发展要依靠政府和市场的双向力量才能推进文化发展取得实质性的成果。要完善落实相关政策法规，"推动加快建设和完善覆盖城乡的公共文化服务体系，加快重大公共文化工程和文化项目建设。加快文化产业结构调整，制定培养骨干文化企业工作实施方案、全国文化产业基地建设规划指导意见、中央文化企业国有产权交易操作规则，完善公益性文化事业单位管理体制和运行机制"[①]。"要推进文化体制改革，包括深化公益性文化事业单位改革与加快文化产业发展。如何加快文化产业发展？就是要提高文化产业规模化、集约化、专业化水平。"[②] "要深入开展社会主义核心价值体系学习教育，坚持不懈用中国特色社会主义理论体系武装全党、

---

① 中共中央文献研究室. 习近平关于社会主义文化建设论述摘编 [M]. 北京：中央文献出版社, 2017：185-186。
② 中共中央文献研究室. 习近平关于社会主义文化建设论述摘编 [M]. 北京：中央文献出版社, 2017：185。

教育人民，广泛开展理想信念教育，大力弘扬民族精神和时代精神，推动文化事业全面繁荣、文化产业快速发展。"① 要通过文化交流来推动文化事业发展②。

第六节　在与世界文化交流中实现共生共荣

新时代文化要在全球文化交流互鉴中实现世界文化共生共荣。习近平总书记指出，要"加强文明对话和文化交流，不仅'各美其美'，而且'美人之美，美美与共'"③。

与世界文化交流互鉴，是实现世界文化共生的需要。未来世界必然是一个多文明共存的世界。在多文明世界中，每一种文明都不得不学习如何与其他文明共存。"告别文化强势心态……平等交流与对话……摆脱当代人类文明发展的困境。"④ 与世界文化交流互鉴，是世界文化共荣的需要。世界文化一直以多样性发展为目标，2001年11月2日联合国教科文组织第31届大会就通过了《世界文化多样性宣言》（*Universal Declaration on Cultural Diversity*）。要使世界文化在共生的基础上共荣，就必须保持文化发展的张力，统一各式各样的分离的乃至会激烈冲突的价值理念，朝向着真、善、美的方向去追求，这样以后才能实现人类文化实践行为的真正繁荣，才能联合成为真正的人类命运共同体。与世界文化交流互鉴，是实现中国文化繁荣的需要。文明与文明之间的充分交流、互相借鉴能够不间断地促进人类文明进步发展，当然其中包括中华文明。只有与世界文化交流交融，才能更好地实现新时代文化的发展。通过文化交流把中国的一些经历、一些"故事"表达好，在全球范围内

---

① 中共中央文献研究室. 习近平关于社会主义文化建设论述摘编 [M]. 北京：中央文献出版社，2017：186。
② 中共中央文献研究室. 习近平关于社会主义文化建设论述摘编 [M]. 北京：中央文献出版社，2017：187。
③ 习近平. 推动中拉关系实现新的更大发展 [M] //习近平谈治国理政（第一卷）. 北京：外文出版社，2014：311。
④ 邹广文. 拷问我们这个时代的文明观念 [J]. 河北学刊，2003（5）：25-29，39。

广泛传播中国的声音,唯此,中华文明就能够真正彰显,也为实现中国梦创造良好的国际声音、国际环境。

在与世界文化交流互鉴中实现共生共荣,要尊重不同民族文化的价值。文化交流的本质在于通过对话达到普遍认同,在学习互鉴中实现共生共荣。只有在承认与尊重差异的基础之上,互相学习、取长补短,中国文化与世界文化才能流光溢彩。不同形态的文化是文化交流的基础,有差异才有比较,有比较才有交流,只有这样才能达到文化的真正互补融合。在与世界文化交流互鉴中实现共生共荣,要发掘不同民族文化的资源。当今时代的一个重要课题就是要尊重各个民族、各个区域的多彩文化、多重理念、多种价值,来应对和解决一些全球性问题。习近平总书记曾说,相互了解、相互理解是促进国家关系发展的基础性工程,了解越多,理解越深,交流合作的基础就越牢固、越广泛;偏见往往最难消除;隔离人们的不是千山万水,是相互认知上的隔膜①。在与世界文化交流互鉴中实现共生共荣,要沟通交流互补学习。文化交流与对话不可能也不应该仅仅是一种单方向的施舍或接纳,而是一种激烈的碰撞与互动过程,在碰撞与互动的过程中双方能够取他者的优势、补自己的短处,达到双赢。在与世界文化交流互鉴中实现共生共荣,要加强自身的文化建设。面对世界文化交锋的大形势,当前中国文化存在着走出不足、话语不足、形象不足、安全不足的现状。但同时,中国也通过一系列的措施传播自身文化,如"一带一路"倡议,中国与其他各国各种开展活动、论坛等交流。要进一步实现共生共荣,中国文化要"要以理服人,以文服人,以德服人,提高对外文化交流水平,完善人文交流机制,创新人文交流方式,综合运用大众传播、群体传播、人际传播等多种方式展示中华文化魅力"②。

---

① 习近平. 走和平发展道路是中国人民对实现自身发展目标的自信和自觉 [M] //参考习近平谈治国理政(第一卷). 北京:外文出版社,2014:264.
② 习近平. 提高国家文化软实力 [M] //习近平谈治国理政(第一卷). 北京:外文出版社,2014:161-162.

结　语

　　文化是一个内涵丰富的概念，文化发展是一个永恒的话题。荷尔德林曾说过：充满劳绩，然而人诗意地栖居在这片大地上。我们都期望有一个文化的生活世界。然而现时代的状况却是理想与现实背反——物质世界与精神世界的不平衡、历史文化与现代文化的相抗衡、中华文化与外国文化的相交锋，等等。我们仍未处于一个诗意的文化生存空间。正如海德格尔呐喊：人类在技术化千篇一律的世界文明时代，是否和如何还能有家园？因此，文化及其发展值得研究探讨。

　　研究文化发展有许多学科视角，其中，以哲学视角研究文化发展是最追根溯源的。哲学分析研究旨在探寻事物发展的哲学根据，深入事物发展内部深层结构，揭示和把握其内在运动规律、运动机理和发展趋向。文化是主体创造性的体现，是人类主体精神的对象化，文化的哲学研究就是人们对于主体这种自由自觉创造性结果的反思。中国社会进入新时代，我们的思维方式、文化观念是否应该有新的跃升，以适应飞速发展的新时代？回答自然是肯定的。因为我们所处时代的发展特点决定我们必须作出这样的选择。与物质技术领域呈现加速发展的情形不同，人类文明观念的变化要缓慢得多，因此，需要通过自觉的反思才有可能达到对于人类文明内涵的全新理解。

　　于中国而言，当代中华文化的样态是新时代文化。新时代文化就是正在不断丰富发展的极富生命力的中国特色社会主义文化，是对中华文化的发展创造。本书中的新时代文化就指狭义层面上的中国特色社会主义文化，通过对新时代文化基本理论的哲学研究与总结，厘清新时代文化发展的内涵内容、来源背景、规律原则方法等，我们才能更加文化地看待与理解中国与世界。新时代文化发展的内涵关系到文化、文化发展、新时代文化三个概念。进入现代社会，一切需要正为文化所表述，一切满足需要的关系条件也正以文化方式选择人的存在和发展方式，文化发展已经成为人类社会现在和未来面临的关键问题。新时代文化进入了"五位一体"总体布局，从工具理性上升到价值理性，与物质文明并重。新时代文化是以马克思主义文化理论为指导，以中华民族历史文化和革命传统文化为历史积淀，以中国特色社会主义实践为现实基础，以建设社会主义文化强国为目标，以实现中华民族伟大复兴中国梦为历史使命的文化新形态，具有民族性、科学性、人民性、先进性、时代性、世界性与实践性的特征。其内容包括核心层次的价值观念、指导思想，在价值观念、思想指导下的由情感、态度结合而成的中国精神等，以及哲学社会科学、社会主义文艺、文化事业产业。就其来源而言，新时代文化发展集结了古今中外的文化理论智慧，通过革命、建设、改革开放和新时代中国特色社会主义实践，继承并深化了马克思主义的文化发展理论、毛泽东思想的文化发展理论、改革开放以来党的文化发展理论等资源。在面对国内国际变化的两大背景，新时代文化发展也必须紧跟时代步伐。中国进入新时代，主要矛盾的转变为文化发展提出了更高的要求；世界进入大变局，为文化发展创造了新形势。此外，哲学研究是知其然又知其所以然，因此在讲明新时代文化发展的内涵与来源的基础上，还要对文化发展进行深层追问，归纳新时代文化发展的内在规律、思想方法、基本原则与价值取向，为新时代文化发展提供理论支撑和有力论证。新时代文化发展离不开其内在矛盾运动与外在诸多影响因素的共同作用。中华优秀传统文化、革命文化与社会主义先进文化三大文化来源及其之间关系奠定了文化的发展方向。文化内在要素之间的排布、结构及其相互关系影响了文化的发展走向。文化与人、经济、政治、社会等文化外部要素之间的关系影响了文化的发展趋势。因而，研究文化发展要坚持正确的思想方法：要坚持唯物主义历史观，必须不断适应社会生产力发展调整生产关系，不断适应经济基础发展完善上层建筑；要认清文化发展的经济根源，要坚持文化发展与政治体制之间的辩证关系；要以辩证思维来发展文化，坚持文化继承与文化创新相统一，坚持文化独立与文化开放相统一；要坚持实事求是的思想方法，带有问题意识去发展文化。细化到文化发展的具体原则，即坚持马克思主义指导、坚持党的领导、坚定文化自信、坚持"二为"服务与"双百"方针、坚持社会效益与经济效益统一、坚持民族性与世界性相统一。搞清了文化发展的规律及其必须坚持的思想方法与基本原则，文化发展还须有其宏大的目标追求。文化发展是一个复杂的概念，因此，文化发展的价值取向也是多重多维的。其中，文化发展与中国特色社会主义的关系是构成文化价值取向的重要内容。中国特色社会主义道路是必由之路，理论是科学理论，制度是先进制度，文化是精神标识，四者组成的中国特色社会主义统一于实践之中。最后，只有推进马克思主义中国化、时代化、大众化，培育和践行社会主义核心价值观，培育国民的人文精神与科学精神，创造转换与创新发展中国传统文化，推进文化事业与产业的繁荣发展，与世界文化交流互鉴，才能实现中华文化繁荣发展，并与世界文化共生共荣。如此深入探究方能形成科学系统的哲学分析，进一步促进中国特色社会主义文化的繁荣发展。